AF391555

LA
VIE ET L'ŒUVRE
DE
FEU L'ABBÉ BAZIN.

LA
VIE ET L'ŒUVRE

DE

FEU L'ABBÉ BAZIN,

EVÉQUE.

DE MIZOURA EN MIZOURIE.

Ride si sapis....

1794.

AVERTISSEMENT
DE L'EDITEUR.

Nous croyons rendre un service à la révolution, aux littérateurs, à la philosophie, en publiant un ouvrage, graveleux à la vérité, mais dont la morale est pure.

Nous ignorons si l'auteur vit encore, propablement il n'existe plus ; il eût profité de la liberté dont nous devons la jouissance au nouveau systême de gouvernement, pour faire paraître un ouvrage où tous les préjugés de l'ancien régime sont renversés par les graces, armées de la massue d'Hercule.

L'auteur, avec lequel nous avons passé une partie de notre jeunesse, nous donna, il y a trente ans, une copie de ce charmant ouvrage ; il voulut

A 3

le faire imprimer, mais le despotisme, qui étrangloit le génie et qui vouloit empêcher la lumière philosophique de jaillir, ne permit pas à notre ami de faire paroître un bon livre de plus.

Si M. V.... n existe, il apprendra que nore amitié et notre estime sont toujours les mêmes ; s'il n'est plus, c'est un hommage que nous rendons à sa mémoire, dont le souvenir sera aussi cher à la postérité qu'il l'est à nos cœurs.

INTRODUCTION.

Sous une enveloppe très-gaie, et même un peu graveleuse, cet ouvrage renferme une morale pure, des idées philosophiques, quelques remarques dont la révolution actuelle prouve la justesse.

Jeune homme, lisez et riez; relisez et réfléchissez, vous n'aurez peut-être pas perdu votre temps à parcourir les chapitres suivans.

———————

et àpres la messe il la faisoit......danser.

LA
VIE ET L'ŒUVRE

DE

FEU L'ABBE BAZIN.

CHAPITRE PREMIER.

De la jeunesse.

Paul *Bazin*, ou *Bazing*, se trouva à l'âge de dix-huit ans, sans père ni mère, avec vingt mille livres argent comptant, une maison rue Jean-Saint-Denis, un tuteur insouciant, une bonne éducation, une jolie figure, une ame franche et naïve.

Bazin alloit au café Militaire; on n'y parloit ni de vers ni de littérature; *Bazin*, qui aimoit l'un et l'autre, n'y retourna plus.

Bazin s'en fut à l'Opéra; la musique étoit admirable, les décorations étonnantes; ce spectacle étoit, comme on sait, le spectacle par excellence, celui des gens de la cour, de la bonne compagnie, dont tout l'univers connoît la délicatesse du goût : *Bazin*, qui n'avoit que du bon sens, s'y ennuya, et il n'y retourna plus.

Il se transporta à la comédie italienne, dont pas un des acteurs n'a peut-être jamais vu l'Italie, et il fit connoissance avec une jolie danseuse, avec des poëtes remplis d'esprits, et *Bazin* s'amusa prodigieusement.

Contre l'ordinaire , *Bazin* devint amoureux de *Lucette*, (c'étoit le nom de la jolie danseuse) après lui avoir fait ce qu'à dix-huit ans l'on fait à une danseuse ou autre , *rue Jean-Saint-Denis.*

Lucette, à l'âge de quinze ans, étoit brune, vive, charmante ; elle possédoit un jarret étonnant , et, ce qu'on aura peine à croire, un cœur tout neuf ; elle devint folle de *Bazin*, et elle soupoit souvent rue Jean-Saint-Denis avec les comédiens, comédiennes , poëtes , chanteurs du théâtre Italien , chez son bien-aimé.

Cette société dura autant que les vingt mille livres de *Bazin*, et se dissipa lorsqu'il fut sans le sous.

Bazin vendit sa maison au bâtonnier de l'ordre des avocats , homme dont la probité n'est pas équivoque, puisqu'il étoit bâtonnier; ce bâtonnier, donc, la lui acheta douze mille livres, et ne lui donna que cent pistoles, qui furent employées à payer le traiteur et le marchand de vin.

Bazin se trouva précisément dans le cas de beaucoup de gens de ma connoissance, sans argent et sans moyens de s'en procurer. Plus d'un grand homme, faiseur de tragédies, d'opéras, de comédies, s'est trouvé fort embarrassé dans pareille circonstances; ainsi je ne surprendrai point le lecteur quand je l'assurerai que *Bazin*, qui n'avoit fait encore qu'un logogriphe, étoit dans la plus grande détresse.

CHAPITRE

CHAPITRE II.

La Guerre.

Bazin alloit chez *Lucette* lui conter sa déconvenue , lorsqu'il rencontra un sergent d'infanterie , qui logeoit dans la maison dont il étoit l'ancien propriétaire, et qui lui devoit son loyer. Le sergent, loyal et généreux, invita son ci-devant hôte à déjeûner ; ce dernier , en buvant et mangeant , raconta sa lamentable histoire : l'officier subalterne lui proposa de prendre parti , et l'assura qu'il seroit distingué par un galon d'or sur la manche. Mais , dit *Bazin* , y a-t-il des poëtes à l'armée ? . . . . Par la mort , répliqua le sergent , s'il y en a, je vous en réponds. Dans quel genre ,

B

demanda *Bazin*? Dans quel genre mor-
bleu, dans le genre militaire. -- Y fait-on
des tragédies ?—O que oui ! et de terri-
bles, encore ; et il versoit à boire à *Bazin*
qui questionnoit, questionnoit.... lorsque le défenseur de l'état lui dit : vous
autres poëtes, vous aimez les grandes
choses ; faut boire à la santé du ....
Bazin prit son verre, étendit les bras,
poussa un profond soupir et s'endormit
subitement. Le recrutcur, profitant du
sommeil, fit enlever notre ami, et le
fit porter dans une chambre que l'on
appelloit noblement un four. Le lendemain le somnifère ayant achevé son
effet, *Bazin* ne s'achant où il étoit,
comment il se trouvoit là, faisoit sur son
aventure des réflexions à-peu-près
semblables à celles de nos maîtres en
théologie, sur le libre arbitre ; il
raisonnoit comme nos philosophes sur

la nature de l'ame ; il concevoit parfaitement qu'il étoit dans une chambre
obscure, mais il ne pouvoit compren-
dre comment il s'y trouvoit.

Ses réflexions furent interrompues par
l'arrivée d'un soldat et cinq à six gredins
revêtus , portant cocarde au cha-
peau et dindons au bout de l'épée , ils
entrèrent dans la chambre où gissoit le
raisonneur ; tous ensemble et sans employer la moindre figure de réthorique ,
lui firent boire un coup, manger du din-
don, prendre une cocarde et partir par
le chemin qui conduit de Paris à Lille.

Arrivé dans Lille , l'on habille *Bazin* ,
d'un habit très-étroit , qui le gênoit
beaucoup ; on le fit tourner à droite ,
à gauche ; on le fit aller en avant , en
arrière et de côté ; on lui fit rapprocher
ses deux pieds l'un de l'autre ; on lui
fit faire, dans cette attitude gênante ,

B 2

une pirouette entière; il tomba; on le mit en prison.

Bazin se disoit en lui même : une chose admirable sans doute est la tactique; je comprends bien cela; je conçois pourquoi je perds l'équilibre , en tournant rapidement; je sens qu'une chûte est la suite nécessaire de la perte de mon à plomb; mais je ne puis imaginer pourquoi je suis en prison !

Quatre jours après on donna à *Bazin* un mousquet , une giberne , un sac pour porter ses guenilles; on lui dit qu'on alloit en Allemagne; il arrive , l'on combat , l'armée est battue; le régiment dans lequel servoit *Bazin* , fut très-maltraité. Notre héros avoit déployé une valeur , montré un sang-froid étonnant dans un jeune homme nouveau soldat.

La vérité que doit professer tout historien, m'oblige de dire le motif du courage de *Bazin* : il s'ennuyoit du métier qu'il faisoit ; il avoit pris son parti, d'être tué, ou d'obtenir, par quelque vigoureuse action, son congé, récompense que desire ardemment un soldat qu'on a forcé de l'être.

Effectivement, son colonel, enchanté de sa vaillante conduite, lui proposa de le faire officier ; non, dit *Bazin*, cent écus et mon congé, voilà tout ce que je souhaite ; l'on parla de la gloire, de la fortune...... de la fortune d'un officier. *Bazin* fut insensible à tous ces avantages ; on lui donna ce qu'il demandoit.

Bazin partit pour Paris, mangea ses cent écus en route, puis il composa un mémoire sur les enrôlemens, et l'on prit son mémoire, l'on profita des

grandes vues qu'il contenoit et l'on
oublia l'auteur.

Si *Bazin* eut possédé vingt sous , il
auroit été à la comédie italienne ;
comme il n'avoit point fait de compliment , il ne pouvoit avoir ses entrées :
il borna donc ses amusemens au café
militaire ; car depuis qu'il avoit été
soldat , ce lieu l'ennuyoit un peu
moins.

xxxxxxxxxxxxxxxxxxxxxxxxxxx

CHAPITRE III.

La Danseuse.

IL étoit trois heures , *Bazin* n'avoit pas diné , il ne prévoyoit même pas qu'il pût faire cette bonne œuvre dans le reste du jour , lorsque par bienséance il fut forcé de quitter le café Militaire ; il étoit donc dans la rue Saint-Honoré , faisant semblant de se curer les gencives ; il fut obligé de se coller contre le mur , afin de n'être pas écrasé par un équipage leste , doré , brillant , dans lequel étoit à demi-couchée une jeune personne plus brillante encore : c'étoit *Lucette*. Chose étonnante ! incroyable ! et qui feroit peut-être passer ce que j'écris pour un conte (si ma véracité n'étoit connue) : l'actrice jolie fit arrêter sa voiture , fit monter *Bazin* , qu'elle avoit reconnu , malgré sa maigre figure et son triste habit noir. Eh ! bon jour, mon cher , lui dit-elle : qu'êtes-vous devenu depuis dix-huit mois ? Belle *Lucette* , répondit *Bazin* , pour vous avoir donné à souper à vous et à mes amis , je n'ai pas eu de quoi déjeûner ; je me suis endormi dans un cabaret , je me suis réveillé dans un galetas nommé four , l'on ma conduit à Lille , j'ai fait l'exercice , je suis tombé , l'on ma mis en prison , ils m'ont mené en Allemagne , je me suis bien battu , l'on ma donné pour récompense cent écus et mon congé ; alors j'ai composé un excellent mémoire : le ministre l'a trouvé fort bon , et m'a oublié ; je suis sans le sou , et qui pis est, à jeun ; mais vous , ma belle amie , quels ont été vos

amusemens depuis nos soupers ? C'est
ce que je vous apprendrai , mon cher ,
lorsque vous aurez mangé un morceau
dans ma petite maison.

Bazin et *Lucette* , à peine arrivés
dans le petit palais , faubourg Saint-
Honoré , se mirent à table ; le diner
fini , *Lucette* fit passer son ami dans
un sallon où la richesse cédoit au goût ;
assise sur un sopha , dont les coussins
avoient été remués par la volupté , elle
s'exprima ainsi : cette maison , ces gla-
ces , ces meubles , mon tout aimable ,
je les tiens de l'amant le plus passionné :
c'est un évêque tout rond , gros , court ,
qui m'entretient , qui m'adore , et que
je déteste. Tu sais maintenant mon
histoire ; mais , dis-moi , que veux-tu
faire ? Moi, dit *Bazin* , boire , manger ,
vous aimer , vous le prouver sur-tout ,
avant ou après vous avoir vu danser

à la comédie italienne. Tout cela est facile, répondit *Lucette* : je te présenterai à mon gros évêque, il te donnera un bénéfice, et nous nous verrons tous les jours. Après bien d'autres propos, l'heure de souper arriva ; après souper *Lucette* et *Bazin* . . . . . Mais malheur à qui dit tout, c'est l'apofthegme d'un grand homme.

Le lendemain, *Lucette* présenta *Bazin* à ses camarades ; il fut embrassé, fêté dans les foyers, et le souffleur, le secrétaire de la compagnie, le moucheur de chandelle et MM. les gratis vinrent lui faire leurs complimens ; après l'opéra comique ou non-comique, *Lucette* mena deux de ses compagnes et *Bazin* à sa petite maison.

CHAPITRE IV.

Les Evêques...

LE gros évêque et deux monsei-
gneurs attendoient les dames en parlant de la pureté des mœurs , de la
musique de Gluck , des libertés de
l'église Gallicane et de la cherté des
chevaux. *Lucette* , en entrant, présenta
Paul Bazin, qu'elle dit être son parent ;
elle pria sa grandeur de faire quelque
chose pour lui : l'évêque répondit qu'il
le destinoit à être son aumônier. Mais ,
monseigneur , dit naïvement *Bazin* ,
je ne suis pas prêtre ! — Eh bien , vous
le deviendrez. — Mais , monseigneur ,
je ne suis pas diacre ! — Vous le serez.
— Mais , monseigneur , je ne suis pas

même tonsuré. -- Eh mort ! l'on vous tonsurera ; et si vous êtes dans une disette absolue de sacremens, l'on vous baptisera, dit monseigneur, que le dialogue ennuyoit ; il demanda tout de suite à souper.

Bazin sortit à huit heures du matin, avec monseigneur, qui le porta dans sa voiture grise, et le conduisit à l'hôtel. Monseigneur, après avoir dormi, prit deux tasses de chocolat ; il fit revêtir l'aumônier *Bazin* d'une soutane, et alla confirmer, à Trenelle, de jeunes & jolies personnes d'un certain rang. Après avoir confirmé, et dîné très-amplement (ce qui est la suite du sacrement de confirmation), monseigneur remonta dans sa berline ; chemin faisant il dit à *Bazin* : Saurois-tu faire un Mandement ? — Oui, monseigneur, j'ai étudié chez les RR. PP. Jésuites.

suites. Eh bien! dit sa grandeur, fais-moi une belle instruction pastorale sur les livres impies qui paroissent; et *Bazin* composa une éloquente diatribe contre les philosophes, la philosophie et la raison; ce Mandement fut publié et affiché; mais il ne fut lu que des gens du roi, qui le dénoncèrent, et du bourreau, qui le brûla. *Bazin*, eut cent louis pour son instruction pastorale; et monseigneur fut exilé dans son diocèse; et voilà *Lucette* et l'ami *Bazin* sur le pavé.

C

CHAPITRE V.

Les Financiers.

LA figure de *Lucette*, et sur-tout sa qualité de danseuse, lui procurèrent M. *Duret*, fermier-général : celui-ci, aussi gros que monseigneur, mais bien plus usé, étoit autant jaloux que sa grandeur l'étoit peu ; car, quoiqu'en disent les philosophes et le troupeau des détracteurs de la religion, rien n'est plus tolérant pour les filles que nos seigneurs du clergé.

Lucette usa de précaution pour lier la connoissance entre M. *Duret* et *Bazin* ; malgré la véracité de ce dernier, il se fraternisa avec la danseuse, et il obtint un bel emploi à l'hôtel des Fermes ; et comme il n'avoit rien à faire dans son bureau, il composa une tragédie qu'il eut l'honneur de présenter à MM. les comédiens français. Sa pièce fut lue à la sollicitation de *Lucette*, très-applaudie de la savante compagnie ; le public ne fut pas du même avis, et la siffla. Oh! oh ! se dit *Bazin*, le goût a dégénéré, le siècle tend à la barbarie ; on est blasé sur les chefs-d'œuvres, et *Bazin*, qui étoit sifflé, de plus, commis, devint frondeur, insolent, méchant, et M. *Duret* le chassa à cause de ses sarcasmes, et il quitta *Lucette* à cause de la fraternité.

Bazin, piqué au vif, fit une épigramme en quinze cent vers contre la finance ; les vers furent admirés ; ils eurent la plus grande vogue, mais les financiers n'en conservèrent pas moins

C 2

leur crédit , de la considération ; ils eurent toujours de beaux chevaux, d'excellentes cuisines , et les filles les plus jolies pour maîtresses.

Le caractère naïf et bon de *Bazin* reprit le dessus , par le succès d'un opéra très – comique , qui fit pleurer toute la France , tant il imitoit le genre anglais : *Bazin* fit imprimer son œuvre ; le public l'accueillit , et les journalistes le déchirèrent.

CHAPITRE VI.

L'Angleterre.

Lucette n'avoit point d'amant en titre ; quelques soupers la faisoient dîner avec *Bazin* qui imagina de devenir philosophe, il composa un livre très-savant contre la religion ; la vogue de ce livre, qui fut débité sans approbation ni privilége, le mit en goût ; il en fit un contre les prêtres ; il disoit de grandes vérités. Heureusement il vivoit dans un siècle de lumière et dans le beau pays des Français, il ne fut que décrédité, blâmé, aumôné, puis banni.

Il s'avisa d'aller en Angleterre ; il s'attacha en qualité de valet-de-chambre-secrétaire, à milord *Goodman*.

Goodman étoit un véritable anglais, triste, savant, humain, dur, généreux, adorateur de sa patrie, méprisant son roi, et le servant avec un désintéressement assez rare en France.

La sœur de *Goodman* se nommoit *Jenny*, tendre, fière, belle, douce, elle avoit voulu apprendre le français, non par goût pour la nation française, mais par air, par ton, et c'étoit pour la satisfaire que milord avoit pris un valet-de-chambre-secrétaire français

Bazin, par sa franchise, parvint à plaire à ses maîtres ; il les contrarioit cependant lorsqu'il disoit du bien de son pays, lorsqu'il prétendoit que la liberté anglaise, si vantée, n'étoit que licence dans le peuple, et chez les grands le privilège de vendre la nation au caprice du ministère ; toutefois il étoit fort aimé de *Goodman*, plus encore de la belle *Jenny*.

Ceci est bien singulier, se disoit-elle à part, soit que ce français me plaît, et ce qui est extraordinaire, il raisonne passablement ; et cet être n'est pas anglais

Bazin refléchissoit à sa manière ; *Jenny* est belle ; je l'aime ; rien de plus naturel . . . . . mais elle est d'un rang . . . . . qu'est-ce que le rang aux yeux d'un philosophe ? tous les hommes ne sont-ils pas égaux ? . . . la séduirai-je ? . . . . . . pourquoi pas . . . . mais c'est la sœur de mon protecteur . . . qu'importe. . . je l'aime ; elle m'aimera ; (ce raisonnement est un gallicisme philosophique) elle aura du plaisir ; or c'est être reconnoissant que de procurer du plaisir à la sœur de son bienfaiteur. Ainsi raisonnoit l'ami *Bazin* lorsqu'il rencontra *Jenny* dans le parc ; les belles sont sujettes à des caprices, l'anglaise avoit de l'humeur ; *Bazin* s'en ressentit, son goût n'étoit pas bien vif ; la femme-de-chambre étoit jolie, le philosophe le lui dit et le lui prouva. Lorsqu'il prenoit un jour cette récréation il se sentit appuyer sur les reins de vigoureux coups de cannes ; il se releva lestement et il se trouva face-à-face du courier de milord.

Il voulut avec ses deux poings se dédommager du tort que lui faisoit un seul, mais jamais un français, (je l'avoue avec peine) ne vaudra un anglais dans les combats de lutte. L'honnête femme-de-chambre séparà les deux champions, et *Bazin* se retira philosophiquement.

Milord sut l'histoire ; il fit venir *Bazin*, lui donna cent guinées, et lui commanda, d'une maniere anglaise, c'est-à-dire durement, de quitter son hôtel, sur-le-champ, et Londres dans vingt-quatre heures. On prétend que *Jenny* a eu beaucoup de part à ce renvoi ; quoiqu'il en soit, *Bazin* obéit ponctuellement.

CHAPITRE V.I I.

L'Italie.

BAZIN de retour en France , se rappella qu'il avoit été aumônier ; il reprit l'uniforme sacré ; il alla rendre ses respects à monseigneur , que l'on avoit fait cardinal ; alors que lui , chétif , étoit décrédité.

Monseigneur sortoit de table ; le moment étoit propice , et *Bazin* le suivit à Rome , où son éminence devoit être un des organes du Saint-Esprit , pour élire un pape à force de brigues ; monseigneur dormoit dans sa voiture , et *Bazin* raisonnoit ainsi en lui-même.

J'avois vingt mille livres , que l'industrie de mes parens m'avoient amassé,

et une maison rue Jean-Saint-Denis ;
j'ai mangé tout cela avec des filles qui
dansoient ; j'ai été soldat ; j'ai eu cent
écus et mon congé ; j'ai fait une instruction dans le genre pastoral , qui
a été brûlée , et qui m'a valu cent louis ;
j'ai fait une mauvaise tragédie , qui a
été sifflée ; un bon opéra comique ,
que l'on a critiqué ; un livre contre la
religion , qui m'a produit autant d'argent que ma pastorale ; un livre contre
les prêtres , qui m'ont pastoralement
fait décréditer , blâmer , aumôner et
bannir ; j'ai été en Angleterre , où j'ai
reçu des guinées et des coups de canne ;
et me voici dans le carosse de monseigneur , sur le chemin de Rome , pour
élire un pape...... Mais qu'ais - je fait
pour l'humanité , ai-je été utile ?.......
Le laboureur qui cultive vaut mieux
que le philosophe dont les écrits , sem-

blables à des feux folets conduisent dans des précipices : car si la religion est une chimère, si l'ame est mortelle, la créance opposée sert de frein à beaucoup de sots qui redoutent peu la mort, et craignent prodigieusement le diable ; j'ai donc fait mal d'écrire contre le culte reçu, ainsi se disoit *Bazin* ; j'ai eu tort de barbouiller du papier : j'aurois mieux fait de soulager, avec mes vingt mille livres, de pauvres citoyens, que de régaler des poëtes sifflés, qui ne sont ni utiles ni nécessaires ; j'aurois mieux fait de nourrir des cultivateurs, qui m'auroient enrichi, et contribué au bien général ; j'aurois mieux fait de prendre une charrue, au lieu de philosopher ; si je peux gagner quelqu'argent à élire un pape, je me promets bien de rendre plus de services à la patrie. Afin de me délasser, je pourrai, après avoir travaillé pour le bien public, faire venir, le soir, *Lucette*, et la . . . . . . faire danser.

En raisonnant ainsi, *Bazin* et monseigneur se trouvèrent à *Monte-Cavallo*, et son éminence se reposa pendant vingt-quatre heures, d'un sommeil de huit jours, et il entra au Conclave avec *Paul Bazin*.

Bazin apperçut, dans le Conclave, beaucoup de finesse, d'astuce, de politique, d'intrigue, et peu ou point de philosophie, et il renonça à l'étude de la sagesse pour s'appliquer aux affaires, et il s'attacha au cardinal *Sacripanto - Sacripanti*, qui fut élu pape; et lorsqu'on eut regardé par la chaise percée s'il pouvoit être pape; lorsqu'on eut brûlé de la filasse sous le nez du St.-Père *Sacripanto - Sacripanti*; lorsqu'on l'eut adoré, *Bazin*

D

baisa les pieds de sa sainteté, et il eut quarante mille indulgences et vingt mille florins d'or; monseigneur le laissa dans Rome pour veiller aux affaires de France, et l'abbé *Bazin*, ramassa une quantité suffisante de florins, et il devint l'ami de monsignor *Occidento*, inquisiteur; et sa sainteté lui conféra l'évêché de *Mizoura en Mizourie*.

Monsignor de Mizoura accompagnoit monsignor *Occidento* dans les prisons de la sainte-inquisition, et après que l'on eut condamné trois philosophes, deux pères de l'Oratoire et six juifs, à être brûlés, monsignor *Occidento* interrogea un anglais et une anglaise; et *Bazin* reconnut mylord *Goodman* et miss *Jenny*.

Mylord reconnut *Bazin*, et suivant l'usage anglais, il ne déserra pas les dents. Monseigneur de Mizoura sut bientôt que ses anciens maîtres étoient là parce que le cardinal *Passionei* avoit trouvé l'anglaise plus blanche que *la Cabra-Bianca delle sua Eminentia*, et que *Jenny* avoit méprisé le cardinal et sa tendresse.

L'air que l'on respire en Italie est un air fin et délié : *Bazin parla à une éminence, au valet de garde-robe du saint-père, à un récolet, au bourreau, au père confesseur, à une courtisanne, à un ministre, à un musicien sans barbe*, et mylord et *Jenny* furent mis en liberté. Ils quittèrent le pays des Cézar, des prêtres, des chèvres, des éminences, et des musiciens sans barbe, et ils s'en allèrent sans voir *Bazin*.

CHAPITRE VIII.

Le Bonheur, s'il y en a.

BAZIN n'étoit plus philosophe, mais il étoit devenu un homme de bien, et il ne s'occupa point de l'indifférence des Anglais; il avoit acquis un évêché, de grand biens, il étoit heureux; il manquoit cependant à son bonheur, *Lucette*, et le souvenir de sa patrie altéroit la jouissance de ses richesses: heureusement les jésuites furent chassés, comme chacun sait, de l'Europe entière; le pape *Ganganelli* composa un beau bref contre St.-Ignace, et *Bazin* fut chargé d'apporter le diplôme du saint-père en France; il fut reçu avec beaucoup de bonté du fils ainé de l'église, avec beaucoup de dignité de Nos seigneurs du parlement, que le souverain et les peuples aimoient fort peu, et *Bazin* fut loué, chanté par tous les jansénites, qui firent des convulsions à son arrivée, et l'auteur de la *Gazette ecclésiastique* rima un ode où il compara monseigneur de Mizoura à l'ânesse de Bal-aam.

M. l'abbé *Bazin*, car c'est le titre modeste qu'il prit en France, acheta un hôtel faubourg Saint-Germain; il exigea que *Lucette* quittât la comédie Itallienne; la jolie danseuse devint sa gouvernante, et après la messe, l'abbé la . . . . . faisoit danser.

Bazin s'occupoit le matin à travailler pour le bien public, et c'est à ces heures si précieuses que nous devons le fameux poëme de *Valentine*, que nous donnons au public; *Bazin* n'admettoit point d'auteurs à sa table, parce que ces messieurs sont trop hargneux; il ne recevoit point de philosophes, parce qu'ils déclamoient contre la religion; il ne voyoit aucuns prêtres, parce qu'il aimoit la paix et sa gouvernante; on ne rencontroit dans sa maison que de bonnes gens fort gaies, qui lui aidoient à faire le bien; et l'abbé *Bazin* soulageoit les pauvres filles de tout son pouvoir, et enfin il mourut en sortant de table. Il avoit fait un testameut, par lequel il ordonna qu'en sa qualité d'académicien, il fût enterré aux carrières de Montmartre, afin qu'après sa mort il n'empoisonnât point les vivans.

Feu M. l'abbé *Bazin* eut, à l'occasion du Poëme que vous allez lire, la conversation suivante avec le R. P. *Honesto*, confesseur du pape Ganganelli.

L'abbé Bazin. Eh bien, vous avez lu mon poëme, comment le trouvez-vous ?

Le R. P. Très-bon, écrit chaudement, d'une manière poétique, mais....
mais...

L'abbé B. Que voulez-vous dire, mais, mais ; que signifient ces mais ?

Le R. P. Vous avez des mœurs, et vous publiez un poëme impie, obscène.

L'abbé B. L'Arioste a été lu du pape, applaudi par plus d'un cardinal ; Lafontaine étoit un homme honnête, il a composé des contes qui sont lus de tout le monde ; la Pucelle, de M. de Voltaire....

Le R. P. Vous me citez de grands hommes ; ils ont donné de mauvais exemples, avez-vous raison de les imiter ?

J'écoutois cette conversation, et malgré toute mon amitié pour l'abbé Bazin, j'étois de l'avis du R. P. Honesto ; cependant le poëme est bon, vous allez le juger.

VALENTINE.

POEME.

puisse cette œuvre qui vient de calmer ses sens, apaiser dieu!

VALENTINE.

×--×

CHANT PREMIER.

*Naissance de Valentine. Vision
prophétique de ma tante.*

Vous fréquentez la comédie,
Vous avez maitresse jolie,
Vous aimez les vers, les romans,
Et la Pucelle d'Orléans;
Puis vous faites de la musique,
Des chansons; pas un seul cantique.

Cela n'est pas bien, mes amis,
Jamais vous ne serez admis
Dans le sein du père céleste.
Pour éviter ce sort funeste,
Fuyez poëtes et catins,
L'amour, la danse, les festins;
Fuyez cette joyeuse bande,
Apprenez la sainte légende.
Si d'un repas trop enchanté,
Dites le *benedicite*;
Mais sur-tout révérez l'église;
Ne raillez de la barbe grise
Du plus dégoûtant capucin;
La bonne odeur d'un libertin
Est un fort grand péché, mon frère:
PACOME, le révérend père,
Puoit; mais dans le paradis
Il alla droit de son taudis.
Si vous voulez devenir sage,
Lecteurs, parcourez cet ouvrage,
Qu'écrivit jadis un chrétien,
Lequel étoit homme de bien;

C'est l'histoire de ma cousine ;
Elle se nommoit *Valentine*.
Avec le secours du Seigneur,
Vous apprendrez par quel bonheur,
Ayant perdu son pucelage,
Elle fut et dévote et sage.
Non loin de Caën, certain baron,
Ayant une ame honnête, esprit rond,
Gros revenu, femme jolie,
Passoit tout doucement sa vie ;
Il se levoit très-grand matin ;
A sept heures, un capucin,
Qui paroissoit plein de sagesse,
Pour vingt sols célébroit la messe ;
A huit heures, l'on déjeûnoit
Chez madame, en son cabinet ;
Le révérend Bonaventure,
A neuf faisoit une lecture,
Et depuis dix jusqu'à midi,
Cet interval étoit rempli
De soins d'affaires du ménage,

(Ainsi fait toute femme sage.)
Après dîner l'on digéroit,
Puis visites l'on recevoit ;
Puis le soir ayant quitté table,
Le couple digne et respectable,
Au lit bénissoit le Seigneur,
Qni songeant à notre bonheur,
Institua le mariage.
Ce sacrement permet l'usage
D'un plaisir fort court, mais bien doux.
O libertins ! soyez jaloux
De ceux que notre Seigneur aime,
De leur félicité suprême ;
Oui, les femmes vous damneront
Alors qu'elles les sauveront,
Et que dans leurs bras, plein de joie,
Le paradis sera la proie
Du juste qui, dévotement,
Songeant à Dieu, fait un enfant.
Més frères, Dieu vous convertisse ;
D'après un si saint exercice.

La

La baronne, dans son château,
Mit au monde un être nouveau.
Quoique ce ne fût qu'une fille,
Elle s'annonçoit si gentille,
Que mon cher oncle le baron
Régala ses gens d'un jambon,
Et le cœur rempli d'allégresse,
Fit chanter *Te Deum* et messe,
Afin que notre doux Sauveur
Du bambin fût le protecteur.
Lorsqu'on fit la cérémonie
Qui donne l'éternelle vie,
Le baron, dans ce saint moment,
Ne croyoit pas que son enfant
Trahiroit les vœux du baptême,
Seroit quelque jour anathême,
Et que, malgré sa qualité,
Elle vivroit sans chasteté.
Ne nous attristons pas d'avance;
En Dieu mettons notre espérance;
Le plus juste tombe sept fois;

                              E

Jesus nous l'a dit autrefois.
Si Dieu veille sur *Valentine*,
Devînt-elle une libertine,
Dieu saura bien la corriger ;
La grace la fera changer ,
Et tout bon chrétien doit le croire.
Poursuivez , lecteur , cette histoire.
Ma chère tante eut dans son lit ,
Un beau songe , rêve bénit ,
Vision très-miraculeuse ,
Du bon Dieu , faveur précieuse ;
Elle vît , ou crut voir l'enfant
Dans un palais de diamans ,
Brillante étoit l'architecture ;
L'art , le goût , la belle nature
Se réunissoient en ce lieu ,
Sur-tout un salon camaïeu ,
Embelli de la porcelaine ,
Qu'on fabrique au bord de la Seine ,
Ravit tous ses sens étonnés ;
Des parfums embaument son nez.

Ils partoient d'une cassolette ;
Tout près étoit une toilette :
Plus loin, sur quatre pieds monté,
S'élève, pour la propreté,
Le meuble le plus magnifique ;
Il est d'une forme éliptique,
Un drap que la frise a tissu
Légèrement s'étend dessus.
Dans le cas de notre baronne,
La plus vertueuse matrone
Use du meuble, et fort souvent ;
Aussi, sans aucun compliment,
La mère de mon héroïne,
Soit par besoin, soit par routine,
Alloit enfourcher le bidet
Lorsqu'un ange l'arrêta net ;
La cuvette est, dit-il, sacrée,
Et la vierge s'est essuyée
Avec ce doux et fin chauffoir ;
Il seroit indécent de voir
Le sang vil d'une créature

Souiller cette sainte texture.
Révérez ce linge précieux,
Prévoyez un temps malheureux,
Temps d'yvresse où l'amour domine,
Alors que votre *Valentine*
Pourra se servir d'un chauffoir,
Prenez-y garde. . . . . Adieu, bon soir.
Ma tante, vivement effrayée,
Se réveilla toute mouillée.
Ici, tout me paroit humain,
Dira le raisonneur mondain;
Du même objet l'ame agitée,
Nuit et jour en est occupée :
La fille rêve à son amant,
La mère songe à son enfant;
Ainsi, de tout raille l'impie;
Il brave et *Jesus* et *Marie*;
Des saints se moque, ne croit rien,
Vit gaiement et meurt comme un chien;
Mais l'enfer sera le partage
Du railleur qui se croit un sage.

Ma tante conte à son mari
Sa vision et son souci :
Quoi donc ! ma chère *Valentine*
Seroit, dit-il, une coquine ?
Madame, c'est un songe creux,
En honneur, il est malheureux
Qu'un rêve plat vous épouvante ;
Dormez, que rien ne vous tourmente ;
Je suis son père ; et vive Dieu,
Qu'elle aille droit..... ou ventrebleu !
Ne jurez donc pas, ma chère ame,
Invoquons plutôt Notre-Dame.
Mon bon oncle s'agenouilla,
Et le rosaire récita,
Priant pour l'honneur de sa fille,
Pour lui, sa femme et la famille.
Mes chers amis, la piété,
Souvent, est adjointe à la gaieté ;
Le saint roi dansa devant l'arche,
Et *Jacob*, ce bon patriarche,
Donnoit souvent un beau festin

Où l'on n'épargnoit pas le vin,
Alors qu'en Mésopotamie
Il festoyoit sa bonne amie :
Tel fut le généreux baron ;
Il fit vuider plus d'un flacon ;
Le curé, le noble compère,
Tout se grisa, jusqu'au vicaire ;
Puissiez-vous, ainsi, lecteurs,
Vous réjouir dans le Seigneur.

CHANT II.

Naissance d'Antoine. Péché énorme de monsieur le Baron.

Celui qui créa la nature,
Cette source féconde et pure
De tous les biens que nous goûtons,
Et dont souvent nous abusons,
Mit dans nos cœurs ces douces flames
Qu'avec nous partagent les dames.
Louange à toi, Divinité,
Qui protéges l'humanité,
Qui, malgré la fatale pomme,
Procuras du plaisir à l'homme :
Usons-donc, ô mes chers amis,
De tous ceux qui nous sont permis ;

Conformons-nous à la méthode
Prescrite dans le divin code :
L'œuvre de chair satisferas,
Lorsque marié tu seras ;
Oui, mes frères, ce saint précepte,
Du vrai bonheur est la recette,
Et Dieu n'étoit pas en courroux
Lorsqu'il fit ce plaisir si doux ;
Satan fut l'inventeur d'un autre,
Et c'est ce sodomiste apôtre,
L'ennemi de Dieu, des humains,
Qui, chez les Grecs, les Romains,
Chez nous aussi, mit à la mode
Chose, à mon gré, fort incommode,
Et c'est lui qui, chez le baron,
Fit admettre un jeune garçon
Cent fois plus beau que Ganimède ;
Il eut, hélas ! un Nicomède.
Avec ordre, contons ce cas,
Qui dans le château fit fracas ;
Fort lamentable en est l'histoire.

Cher lecteur, vous avez mémoire
Du vénérable capucin
Disant la messe le matin :
Ce révérend Bonaventure
Avoit le soir une autre allure.
Depuis dix-huit ans il couchoit
Avec Jeannette *Conbesoit* ;
Fille d'appétissante mine,
Douce, dévote et libertine ;
De ce commerce clandestin,
Etoit venu petit bambin,
Que le paillard Bonaventure,
Soigneux de sa progéniture,
De neveu, lui donnant le nom,
Fit admettre chez le baron,
Vers douze ans, à cet heureux âge
Où les femmes, nos mœurs, l'usage,
N'ont point corrompu notre cœur.
Le front orné de la pudeur,
Parut chez nous le fils du moine,
Que son père appelloit Antoine.

Antoine donc étoit charmant ,
Potelé , joli , caressant ,
Et son regard étoit si tendre ,
Que nul ne pouvoit se défendre
De l'aimer ; aussi le baron ,
Ses amis , toute sa maison,
Chérissoient notre aimable Antoine,
Et se fâchoient contre le moine ,
Qui montroit assez durement ,
A son cher fils , le Rudiment.
Un moine en vain se nomme père ,
Il n'en a point le caractère ;
Il est impitoyable et dur ;
Il ne sent rien , soyez-en sûr.
Antoine , dissipé , volage ,
Tel que je le fus à son âge ,
N'avoit point appris sa leçon ;
Le père , sans autre façon ,
Lui fit mettre bas la culotte ;
L'enfant , désespéré , sanglotte ,
Jette les hauts cris , mais en vain ;

Le moine porte dans sa main
Un instrument épouvantable ,
Aux écoliers redoutable.
Cet instrument étoit pareil
A celui qui rendoit vermeil
Le blanc fessier de la Cadière ;
En même état fut le derrière
Du triste et malheureux enfant ,
Qui dans le château va pleurant.
Au bruit de sa déconvenue
Le baron , l'ame toute émue ,
Cours , vole adoucir son chagrin ;
L'aimable fils du capucin
Lui dit : j'ai la fesse écorchée ,
Ma culotte est ensanglantée ;
Lors , succombant à ses douleurs ,
Il cessa de verser des pleurs ;
De ses sens il perdit l'usage :
Et voilà mon oncle , peu sage ,
Qui le serre bien tendrement ,
Le porte en son appartement ,
Et lui découvre imprudemment

Les deux globes couleur de rose ;
D'eau de lavande il les arrose :
Puis les arrosant il sentit
De la chair l'aiguillon maudit.
Hélas ! que l'homme a de foiblesse...
Une douleur plus vive presse
L'enfant, et le fait souffrir.
Monsieur... je... vais mourir,
Vous me tuez. ... je serai sage....
Ah !... j'apprendrai toute la page...
Satan triomphe, et le baron,
D'Antoine avoit fait un gitton.
Bientôt le remords suit le crime,
Il nous rend notre propre estime ;
Le repentir est un bienfait
Qui nous vient de l'être parfait,
Et c'est par sa divine grace,
Que le plus grand péché s'efface ;
Qu'un scélérat, un franc vaurien,
Peut devenir homme de bien.
Vous apprendrez, dans cette histoire,

Comment

Comment Dieu sut venger sa gloire
Et le sexe trop offensé ;
Comme il advint que le fessé
A son tour, fessa *Valentine* ;
Je me tais, l'on sonne matine.

Comment Dieu sut venger sa gloire
Et le sexe trop offensé ;
Comme il advint que le fessé
A son tour, fessa *Valentine* ;

CHANT III.

Pénitence de mon oncle le baron.
Comment Valentine vit l'exé-
cution de cette terrible pénitence.

PARCOURONS l'Ancien Testament,
Que ce livre est intéressant !
Fuyez, vaine philosophie ;
Cachez-vous, Encyclopédie,
Tout est dans mon livre divin :
L'on y voit les effets du vin,
Ceux de l'amour, de la sagesse,
Nos vertus et notre foiblesse ;
L'on y voit toutes les erreurs,
Et tous ces prestiges trompeurs,
Nés de nos vaines connoissances ;
L'abus du pouvoir, des sciences,

De la force, de la beauté,
Oh ! combien la divinité
S'y manifeste à chaque page.
Ce livre est la leçon du sage ;
Mes très-chers amis , croyez-moi ,
Révérez la vieille loi.
La nouvelle est sûrement bonne ,
Mais Jesus , et je m'en étonne ,
Renchérissant sur son papa ,
Sans savoir pourquoi , tout changea.
Le digne père vous présente ,
Et l'image est intéressante ,
L'honnête tableau d'Oliba ,
Les cuisses ouvertes d'Alla ,
Du roi David l'incontinence ,
Du jeune Absalon l'impudence ;
Le philosophe Salomon ,
Des rois le plus grand étalon ,
Aussi sot dans sa vieillesse
Qu'il étoit sage en sa jeunesse ;
Sous des vieillards impuissans ,

F 2

Laids, maussades et dégoûtans,
L'on voit se débattre Susanne ;
Puis, à l'ombre d'un beau platane,
Ce livre montre une catin,
Paillardant, par ordre divin,
Avec un robuste prophête :
L'œuvre fait, baissant sa jaquette,
Il court, par un ordre nouveau,
Engaîner un autre fouerau
Avec plus de délicatesse ;
L'évangile a moins de finesse,
Du père est l'Ancien-Testament.
Chrétiens, révérons cependant
Ce qu'a fait le fils de Marie,
Sur ma foi, très-belle est sa vie,
Sur-tout lorsqu'il se signala,
Ce jour de nôces à Cana :
J'aime fort la Samaritaine,
Et je fais cas de Magdelaine.
Être merveilleux et puissant,
Du Vieux, du Nouveau-Testament

Auteur adorable et sublime,
Protèges ces vers que je rime;
Fais que je plaise à mon lecteur,
Et que j'aille jusqu'à son cœur
En lui parlant de *Valentine*.
Vous rappelez-vous ma cousine?
Messieurs, ce n'est plus un enfant,
Son minois est appétissant,
Et sa gorge s'est arrondie;
Sa peau douce, blanche, polie,
Certain œil noir fendu, brillant,
Annoncent du tempéramment;
Sa démarche est noble, imposante,
Et sa taille est svelte, élégante;
L'on apperçoit dans son maintien
Tout l'air d'une fille de bien:
Vous aimez la rose nouvelle,
Eh bien! c'est l'image fidelle
De sa fraîcheur de sa beauté,
L'aurore d'un beau jour d'été
Est moins belle que ma cousine.

A l'ame de ma *Valentine*,
L'amour est encor inconnu.
Son cœur est naïf, ingénu....
Que vois-je ! ses traits se flétrissent,
Ses couleurs si fraîches jaunissent,
Et ses beaux yeux n'ont plus d'éclat :
Soyez sensibles à son état ;
Mais de mon oncle la tristesse,
N'auroit rien qui vous intéresse ?
Par la grace son cœur touché,
Pleure son énorme péché.
Frenez part à la pénitence
Qu'il fait de son incontinence ;
Oyez les généreux efforts
Qu'il fit pour réparer son tort.
Indigné contre la partie
Qui retient son ame asservie,
Il résolut de la couper,
Afin de pouvoir extirper
Le mal jusqu'en sa racine.
Il prend le couteau de cuisine

Et monte en son appartement,
Puis à genoux dévotement,
Il récite le saint rosaire.
Puisse cette œuvre qu'il va faire,
Calmer ses sens, appaiser Dieu !
Cependant auprès de ce lieu
Rodoit la triste *Valentine* ;
Elle avoit vu dans la cuisine,
Le baron prendre le couteau :
Cela lui parut tout nouveau,
Elle voulut en voir l'usage :
Arrêtez, ô fille peu sage,
Oubliez-vous que la maman,
Qu'Eve, que son péché gourmand,
(Gourmande, elle.... Non curieuse)
Fit une race malheureuse ?
Puisque Dieu le voulut ainsi
Que son nom sacré soit béni.
Valentine par la serrure,
Vit à son aise la coupure,
Et la coupé, puis le baron

Se mettre à la place un chiffon
Trempé dans le même caustique
Dont l'auteur du joyeux cantique,
Simeon le prêtre juif,
Se servit avec du suif
Lorsqu'il eut tranché la partie
Inutile au fils de Marie ;
Besoin n'en avoit le sauveur
Pour être notre rédempteur.
Non, mes amis, ma *Valentine*
N'avoit point l'ame libertine ;
Bonnement elle imagina
Que le baron, son cher papa,
Avoit voulu devenir femme.
Et certes, exempte de blâme,
Elle conçut le grand dessein
D'être du genre masculin.
Le baron, comme bien l'on pense,
Fatigué de la pénitence,
Alla se mettre dans son lit,
Tranquille de corps et d'esprit.

Il avoit laissé le coupable
Et le grand couteau sur la table.
N'ayant nul besoin du trenchant,
Sa fille prend l'autre instrument
Et court vîte devers sa chambre,
Puis tâche d'adapter ce membre
En certain lieu que de bon cœur
Je nomerois ; mais la pudeur
Jette un voile sur ma peinture :
Si vous connoissez la nature ,
Vous savez ce qu'elle éprouva ,
Ami lecteur , restons-en là.

CHANT IV.

Forte tentation de ma tante ; elle y résiste, et tombe dans un péché assez commun parmi les demoiselles bien élevées.

JE trouverai plus d'un lecteur,
Incrédule, léger, moqueur,
Qui doutera que ma cousine
Puisse user de cette machine,
Dont je vous ai modestement
Entretenu dans l'autre chant ;
Ce lecteur ne sait la physique,
Ni la structure mécanique
Du nerf que l'on nomme érecteur,
Séparé de son possesseur

Certain tems il garde sa forme ,
Par dégrés il devient difforme ;
Ma cousine donc s'en servit
Et bientôt le voilà flétri.
Que ce bijou si plein de charmes ,
Grand Dieu ! lui fit verser de larmes.
Elle n'est pas seule à pleurer.
Une autre aussi doit vous toucher
(Et sa douleur me perce l'ame)
De mon cher oncle c'est la femme ,
Depuis le fatal accident ,
Veuve de son époux vivant ,
Elle mène une triste vie ,
La source du plaisir est tarie.
Ce sale , ce vilain péché
Dont Socrate fut entiché ,
N'étoit un secret pour ma tante ;
Du baron l'ame pénitente ,
A sa femme , à son confesseur,
Avoit conté toute l'horreur
De l'impudique frénésie

Dont elle se trouva saisie
A l'aspect d'un postérieur.
Or le traître de confesseur
Etoit.... père Bonaventure,
Ce capucin plein de luxure :
Admirez cet homme infernal ,
Et tout son art pour faire mal ;
Il étoit las de sa servante ,
Il convoitoit ma chère tante ,
(Amoureux, qui pis est jaloux)
Le coquin châtra son époux ,
Car de lui vint la pénitence :
Seul j'aurai donc la jouissance
De la femme et de ses appas ,
Le mari n'en tatera pas.
Ainsi raisonnoit le cinique ,
Il raisonnoit bien , l'impudique :
Vous vous souvenez , cher lecteur,
Que ce déloyal directeur ,
Le révérend Bonaventure ,
Tous les matins faisoit lecture

Chez

Chez ma tante, en son cabinet,
Très-bien le paillard s'y prenoit ;
Il lisoit comment Betzabée,
Par David, au bain fut trouvée.
Il peignoit du saint roi l'ardeur,
Son regard, ce geste vainqueur,
Et puis cette subite rage
Qui commande aux sens du plus sage ;
Ce feu dans les veines porté
Lorsque l'on voit la nudité.
Ma tante soupire, chancelle,
Et dans sa mourante prunelle
L'on ne voyoit que trop, hélas !
Tout ce qui se passoit plus bas.
Le franciscain lève sa robe,
Par un mouvement qu'il dérobe,
Il est au centre du plaisir ;
Il croyoit sur-le-champ jouir.
Ma tante avoit dit le Rosaire,
Et portoit un beau scapulaire,
Qui sans doute la préserva,

Et son honneur se conserva,
Malgré l'instrument redoutable
Que lui présentoit le diable,
Sous la forme d'un capucin ;
Il eût triomphé, le malin ;
Mais l'odeur étoit détestable.
Vertu de la grace ineffable,
Ma tante baisse son jupon,
Elève et la voix et le ton,
Et dit : impudent, téméraire ,
Suis-je donc une femme à faire.....
Mais son œil encore incertain,
Lorgnoit, devenoit très-humain ;
Lors, la grace plus efficace,
Commande à ses sens ; elle efface
Beauté, longueur, grosseur, roideur,
De ce serpent si séducteur ;
Ma tante évite la présence
De ce monstre d'incontinence,
Se retire dans son boudoir,
S'arrange devant le miroir,

Et s'applaudit de sa sagesse.
Notre force n'est que foiblesse,
Dieu seul est auteur de tout bien,
Et sans lui que pouvons-nous? Rien.
De ceci ma tante est la preuve;
Elle a subi la vive épreuve
D'un capucin ferme, amoureux,
Entreprenant et vigoureux.
Elle résista, mais son ame
N'étoit que celle d'une femme;
Elle eut un grain de vanité;
Par le démon d'impureté,
Elle en fut sur-le-champ punie:
D'un feu soudain elle est saisie;
Elle sent palpiter son cœur;
Bientôt disparoît la pudeur:
Elle s'embrase, elle soupire,
Sa main, dans ce brûlant délire,
Se porte vers certain endroit,
Et le capucin par un doigt
Est remplacé.... Dieu! quelle chûte

Qu'aisément la vertu culbute.
O femmes! femmes, vous voilà;
Si notre moine eût été là,
Las, que seriez-vous devenue?
Ma chère tante étoit perdue;
Mes amis, il est des instans
Où l'ame est esclave des sens;
La sagesse nous abandonne
Dans un transport qui nous étonne;
L'on ne peut plus se contenir,
L'on cède à la voix du plaisir.
Ne méprisez donc point ma tante,
Sa vertu fut très-chancelante,
J'en conviens; mais quel est l'époux
Qui ne croira son sort bien doux,
Si sa femme, sollicitée,
Ayant sur-tout été troussée,
Ne laisse entrer dans cet endroit,
Que le petit bout de son doigt?

CHANT V.

Aventure de Bal, qui fort heu-
reusement n'eut point de suite.

Vous connoissez ce Salomon,
Ce sage de si grand renom ;
A quoi lui servit la sagesse ?
A célébrer la douce ivresse
De l'amante et du bien aimé.
Du chaton le lecteur charmé,
Croit voir sa maîtresse et l'entendre ;
La douce amie en est plus tendre :
Eh bien ! l'on traite avec humeur
La femme qui, de son honneur,
Chancelante dépositaire,
Cède à l'amant qui sçut lui plaire.
Ami, dessous un cotillon
Git l'éteignoir de la raison ;

Plus que Dieu seras-tu sévère ?
Il gronda la femme adultère,
Il s'en tint là, le bon sauveur ;
Eh, qui mieux que le créateur
Pourra juger la créature ?
  L'amour est fils de la nature,
Et c'est ma foi très-rarement
Que résiste au tempéramment
Un prêtre, un philosophe, un sage ;
Ils emploient tout leur courage,
Ils succombent le plus souvent,
Et toujours l'homme est l'attaquant.
Nos dames, malgré leur foiblesse,
Malgré l'ardeur de la jeunesse,
Le porteur d'un joli minois,
Furent vertueuses par fois ;
Mais qu'un aimable téméraire
Trompe une femme debonnaire,
Vous entendez crier les sots,
Les libertins et les dévôts :
Mes bons amis, c'est par envie;

Pour Valentine, je vous prie
De grace, un peu de charité :
Qui ne chérit pas la beauté,
Qui n'adore pas une jeune fille,
Simple, douce, et sur-tout gentille,
Lorsque dans l'âge du bonheur,
Dans l'âge où parle notre cœur,
Un certain desir la consume ?
Votre ame tendre, je présume,
Connut jadis l'amour, ses feux,
Mes lecteurs furent amoureux ;
S'ils n'ont jamais aimé les dames,
S'ils n'ont point partagé leurs flames,
Qu'ils ne lisent point mes écrits,
Mes vers par eux seroient proscrits.

Rappellez-vous, lecteur sensible,
Le moment cruel et terrible,
Où mon cher oncle le baron,
Dolent d'avoir fait un giton,
Exécuta sa pénitence ;
Ma cousine, par imprudence,

(C'est l'imprudence d'un enfant)
Trouva le coupable instrument,
Et cela fit une ouverture
A son petit cœur....la nature,
Que sais-je, enfin?.... elle comprit
Ce que la trop foible Eve apprit
Alors que bravant la défense
Du Seigneur, elle eut la science
D'un peu de bien, et d'un grand mal.

Or donc, ma Valentine au bal,
Par sa mère un jour fut menée;
Elle est bientôt environnée
De ces banaux adorateurs,
De la foule des amateurs;
Ainsi, nouvellement éclose,
Parmi les fleurs brille la rose,
Elle fixe le papillon;
L'abeille, avec son aiguillon,
Tâche de percer son calice,
Sous ses feuilles elle se glisse
Afin de pénétrer son sein,

Et c'est à-peu-près le dessein
Des jeunes gens sur *Valentine*.
De danser ma chère cousine
Est requise, et très-galament,
D'un air noble, grave, décent,
Le corps droit, fait sa révérence;
Puis part, et marche avec cadence;
Son pas trace un parfait quarré,
Qui, de tout le monde admiré,
Augmente près d'elle la presse.
De l'applaudir chacun s'empresse,
L'on pousse, l'on est repoussé,
Et plus d'un père est courroucé,
De voir trop loin de lui sa fille;
L'amant, au contraire, pétille
D'être sans ce fâcheux témoin,
Avec sa maîtresse en un coin;
Il saisit l'instant favorable,
Toute fille au bal est traitable.

   Valentine, dans ce fracas,
Eprouvoit un peu d'embarras;

Elle voudroit joindre ma tante.
A deux pas, l'ame peu contente,
Etendu fort nonchalament,
Antoine rêvoit tristement
A mon cher oncle, à ma cousine,
Quand sur lui s'asseoit *Valentine.*

    Mes chers amis, un bienheureux,
Dont l'ame s'élançant aux cieux,
Brise les fers du purgatoire
Et vole à l'éternelle gloire,
Est moins satisfait, moins joyeux
Qu'Antoine ne se trouve heureux
De porter ma belle cousine ;
Il étoit fou de *Valentine ;*
Jugez, lecteur, de son transport,
Mais n'admirez-vous point son sort ?
Né pour séduire la famille,
A mon oncle, ainsi qu'à sa fille,
Il a su plaire également ;
Aimé de l'un, de l'autre amant,
Il leur a fait tourner la tête ;

Chacun occupé de la fête ,
Ne songe point à nos enfans ;
Antoine use de ces instans ,
Il apperçoit un œil humide ;
Il cesse alors d'être timide ,
Il soulève tout doucement
Un jupon.... Enfin il fait tant ,
Que bientôt il est à l'entrée
D'un lieu dont la porte fermée ,
Sans plus tarder , alloit s'ouvrir
Au signal brillant du plaisir ;
Lors un lourdaut à révérence ,
Vint prier pour la contredance :
Ma chère cousine soudain ,
Vers son jupon porte la main ,
Mais si vîte , qu'elle est remplie
De certaine saloperie ,
Qu'elle vous pose sur-le-champ
Dans les doigts du danseur pressant ;
Celui-ci regarde , secoue ,
Et tout justement sur la joue

D'un violon très-élégant,
Vous envoie le corps gluant ;
Voilà mon homme à la musique,
Qui croit qu'on se moque, il se pique,
Ramasse le vilain paquet,
Le jette, et d'un ton fort net,
Que le saint rentre dans sa niche ;
Est-ce que de moi l'on se fiche ?
Je ne peux vous peindre l'état
De *Valentine* à cet éclat ;
Cependant son air de décence,
Sur-tout du danseur la prudence,
Ou peut-être le peu d'esprit,
Firent que point l'on ne comprit
D'où provenoit cette indécence,
Et l'on continua la danse
Jusqu'à sept heures du matin.
Messieurs, le fils du capucin
M'a fait trembler pour *Valentine* ;
Dieu la protège et l'illumine.

CHANT

CHANT VI.

Le père Bonaventure vient à bout de son infâme projet, en la présence même de mon oncle le Baron.

Pour moi quelle agréable chose,
Si, par une métamorphose,
Je pouvois vivre dans les airs,
Voir d'un coup d'œil tout l'univers,
En considérer l'harmonie;
Posséder assez de génie
Pour n'être plus un raisonneur,
Et pénétrer du créateur
Le ressort et simple et sublime,
Qui fait que tout vit, tout s'anime;
Comment les astres lumineux

H

Marchent suspendus dans les cieux;
Mais à quoi bon cette science;
Quelle inutile connoissance?
Et plus éclairé que Newton,
En serois-je plus heureux? Non.
　　Le seul bonheur que je desire,
Le seul pour lequel je soupire,
Est de servir l'humanité;
Loin de moi cette vanité,
Desir insensé de la gloire,
De vivre au temple de mémoire.
Le premier qui fut laboureur,
Mérite cent fois plus d'honneur,
Est plus digne de nos hommages,
Que tous ces fous prétendus sages;
Ces philosophes si fameux
Nous ont-ils rendus plus heureux,
De celui qui jase et raisonne,
Ou de cet autre qui moissonne?
Parlez, lequel préférez-vous?
Je conçois combien il est doux

Après dîner de lire Horace,
De s'égayer avec Bocace ;
Mais avant tout il faut dîner ;
Cessez donc de vous étonner
Si chez moi la boulangerie
L'emporte sur l'académie.
Par-tout je vois mensonge, erreur ;
Mais Dieu, la nature et mon cœur,
N'égareront jamais mon ame :
Pour les arts qu'un autre s'enflame :
J'honore beaucoup un savant,
Mais être bon, c'est le talent
Auquel j'aspire, et que j'envie ;
Or, voici ma philosophie.
A personne ne faites rien,
Que ce que vous voudriez bien
Que l'on vous fît ; cet apophtègme
Vient de la sagesse même.

   Si cet enfant de saint François,
Impudique, rusé, sournois,
Eût retenu cette maxime,

H 2

L'horrible desir qui l'anime
N'eût agité son cœur félon.
Il cocufia le baron :
Cher lecteur, vous allez apprendre
Comme il fit, comme il sçut s'y prendre,
Et remplir son brutal dessein.

Ma chère tante, au capucin
Faisoit un fort mauvais visage,
L'évitoit, (rien n'étoit plus sage)
Depuis l'aventure du doigt.
Mais le capucin à part soi,
Avoit de son plan chatte-mitte,
Bien pesé, calculé la suite.
Vous avez vu tout près d'un trou,
Un chat, d'un air benin et doux,
Œil baissé, sans impatience,
Guetter le moment d'imprudence,
Où la souris de bonne-foi
Et sans prévoir son désaroi,
Montre le nez, sort de sa trappe,
Le chat saute dessus, la hape,

Et la croque voracement :
Tel notre maudit mécréant,
A l'endroit de ma chère tante,
Ourdissoit sa trame impudente ;
Certain jour, disant un *Ave*,
Tête basse, et cul relevé,
Elle étoit dans son oratoire ;
Le capucin, d'une ame noire,
Fond sur elle ainsi qu'un faucon,
Prestement lève son jupon,
Et devers la voie secrette,
Le gueux s'introduit en levrette ;
Ma tante sous lui se débat :
Mes amis, quel horrible état
Pour une femme vertueuse !
Au fort de cette crise affreuse,
Du baron l'on entend les pas,
Le moine brave l'embarras.
Sur ma tante il étend sa robe,
Et sa sale ampleur la dérobe
A l'œil ; l'époux infortuné

H 5

Qui voit le méchant prosterné,
Se signe, puis retourne en arrière;
Craignant d'interrompre sa prière,
Il pousse la porte et s'enva,
Puis l'adultère s'acheva.
Certes la femme, auprès de l'homme,
Est d'honneur, justement, tout comme
La paille dans un magasin;
Si par un malheureux destin,
L'on approche avec la chandelle,
Et qu'il échappe une étincelle,
Bientôt la grange est tout en feu.
Ce crime n'avoit point l'aveu
De ma tante, et le moine indigne,
Jouissoit de sa ruse insigne,
Goûtoit lui tout seul du plaisir;
Il assouvissoit son desir,
Alors qu'une fatale ivresse
Saisit ma tante, et je confesse,
Qu'on vit à certains mouvemens,
L'empire qu'avoient pris ses sens.

Mesdames, quelle destinée !
Souvent une femme bien née,
Comme vous venez de le voir,
Peut s'écarter de son devoir.
Les gens dévôts, les gens d'église,
(Que l'apparence scandalise,)
L'époux, le jeune libertin,
Se fâcheront qu'un capucin
Si facilement se contente,
Et blâmeront ma chère tante.
Dévôt, prêtre, époux, libertin,
Connoissent peu le cœur humain.
Eh qui peut vaincre la nature ;
Qui peut la taxer d'imposture ?
Sur nous son empire est certain,
Son but est un ordre divin,
Le capucin célibataire
Croit, par le cilice et la haire,
Eluder le tempérament ;
Le moine est extravagant.
Peut-être une jolie femme,

Qu'un amour délicat enflâme,
Et consume tout doucement,
N'imaginera point comment
Un capucin à barbe sale
Peut triompher d'une vestale.
Je le crois ; ses sens satisfaits
Se taisent : les plus beaux objets
Effleurent à peine son ame ;
Pour moins la recluse se pâme :
Un pauvre dévore son pain ,
Quand le riche , blazé , sans faim ,
Fait desservir l'oiseau du Phaze.
O vous ! qu'un tendre amour embrase ,
Soyez pour ma tante indulgens ,
Et méfiez-vous de vos sens.

CHANT VII.

Effet du printems. Orage. Conver-
sion de Valentine et d'Antoine,
après la mort du père Bonaven-
ture.

QUE de bien nous offrent les sens!
Mortels, de vos besoins pressans,
Ils font naître les plus doux charmes;
Jouissons, amis, sans allarmes,
Sans remords et sans repentir
De tout ce qui nous fait plaisir;
De mon Dieu la bonté suprême
Me fit le don d'un cœur, et j'aime.
Oui, j'aime, assuré que l'amour
Fut produit au moment du jour;
(jour heureux) où le premier homme,
Sortant d'un léthargique somme,

Vit et convoita la beauté
Qui reposoit à son côté.
Eve, mon adorable mère,
Lorsqu'Adam voulut être père,
Tu sentis ses desirs et ses feux;
Tu comblas son cœur amoureux,
La volupté fut ton partage.
Dieu dit alors de son ouvrage :
Il est bon, je suis satisfait,
J'ai créé l'amour, tout est fait.

Que si je passe une foiblesse,
Si je pardonne à la tendresse,
Je hais fort la brutalité
De ces monstres d'impureté,
Qui sont tout corps, et n'ont point d'ame.
Du capucin l'indigne flame
A dû révolter le lecteur;
Consumé d'une tendre ardeur,
Pour un objet sage et sensible,
Un satyre est vraiment horrible ;
Mais voyez deux jeunes amans,

Tous deux charmans, tous deux brûlans,
Au mois de mai, mois si propice ;
La nature conservatrice,
Fait étinceler dans leurs yeux
Ce feu subtil et précieux,
Emané de l'ame du monde,
Par qui, sur là terre et dans l'onde,
Tout existe et se reproduit ;
L'amour les guide, et les conduit
A la félicité suprême :
Ainsi vers la beauté qu'il aime,
Le jeune fils du capucin
Est entraîné par son destin.
La tendre et belle *Valentine*
Rougit alors qu'elle examine
Ses devoirs, son amour, l'honneur,
Ses desirs, la vertu, son cœur ;
Elle balance, elle soupire,
Un instant son amour expire ;
Pour Antoine, l'instant d'après,
Son cœur brûle plus que jamais,

D'Antoine l'image charmante
Le jour et la nuit la tourmente;
Elle cherche et fuit son amant,
Elle aime, et combat son penchant:
Dans cet état d'incertitude,
L'ame pleine d'inquiétude,
Elle rêvoit dans le jardin;
Antoine, sans aucun dessein,
Promenoit aussi sa tendresse;
Il joignit bientôt sa maîtresse,
Ils étoient jeunes.... Amoureux....
Seuls.... Un bosquet étoit près d'eux....
Au printems, qu'une fille est tendre,
Qu'un cœur aisément peut se prendre!
Lors par hasard, le capucin
Passe son Breviaire en main;
Il voit à travers la charmille
La belle cesser d'être fille;
Il voit un fils digne de lui,
De sa race admirant l'étui,
La vigueur de son cher Antoine;

Certain

Certain transport saisit le moine ,
Et le voilà qui sur-le-champ ,
Commet le gros péché d'Onam ;
Mais alors qu'il est en extase ,
Le tems s'obscurcit, l'air s'embrase ,
Le tonnerre au loin retentit ;
Un bruit sourd , petit à petit
Augmente, avance , enfin éclatte ;
Un nuage sombre se dilate ,
L'éclair brille , la foudre part ,
Et tombe sur mon vieux paillard :
Valentine toute tremblante ,
Sous son amant est expirante.
Ils se lèvent , spectacle affreux !
Ils apperçoivent auprès d'eux ,
Dans l'attitude de son crime ,
Le capucin juste victime
De la colère du Seigneur.
Alors une sainte frayeur
Epouvante ma *Valentine* ;
Elle invoque sainte Marine.

Fiacre , Policarpe et Jean :
De la grace effet surprenant !
El e voit cesser son délire ,
Antoine lui-même soupire ,
Pleure son amante et ses feux,
Et court s'enfermer aux chartreux.
Valentine aux pieds de ma tante ,
Confuse , et sur-tout pénitente ,
Raconte son tendre péché :
De cet aveu le cœur touché ,
Grand Dieu ! lui répondit sa mère ,
Je suis coupable aussi ma chère :
Comme vous , je porte en mon cœur
Et les remords , et la douleur ;
Réparons , par la continence ,
Ces tristes momens d'imprudence :
Hélas ! bien difficilement
Une femme vit chastement.

HISTOIRE

DE

RAOUL D'AIGREMONT.

HISTOIRE
DE
RAOUL D'AIGREMONT.

CHAPITRE PREMIER.

Sortie de Raoul du château d'Ai-
gremont, et de l'aventure qui lui
advint dans la forêt de Leictoure.

L'EMPEREUR Charlemagne avoit
chassé les Sarazins, ayant converti les
Saxons à coups de cimetère et de lance;

les chevaliers français n'avoient plus rien à faire ; ils s'amusoient à pourfendre les géans , à soutenir l'honneur des dames , en cocufiant leurs époux ; à préserver les filles du viol , en couchant de gré à gré avec elles ; en un mot , c'étoit le bon tems. Le savant archevêque Turpin avoit mis dans la bonne voie Maugis d'Aigremont , ce valeureux et célèbre enchanteur ; il étoit devenu dévot ; il n'exerçoit plus que la magie blanche ; n'avoit plus de commerce qu'avec les fées honnêtes et les génies subjugués par le grand Salomon , fils de David ; enfin , retiré dans son château d'Aigremont , au fond des Pyrénées ; il voyoit avec plaisir ses deux fils marcher sur les traces de leur cousin , l'indomptable Roland.

L'ange de la mort se présenta au vieux d'*Aigremont* ; il ne demanda que

le tems de faire le partage de ses biens ;
il donna à *Maugis*, son premier né,
ses terres, son château et ses fiefs ; à
Raoul, le cadet, (dont j'écris l'histoire)
sa cassette et les joyaux qu'elle contenoit, une armure complette ; un coursier *alez* au fils de l'Alphane, et un
roussin pour monter son écuyer. Ces
dispositions faites, muni des sacremens,
l'ange de la mort porta son ame au ciel.

Raoul ayant reçu ce qui lui apparte-
noit, se mit en marche pour chercher
les aventures ; sa première couchée fut
à Toulouse. Il n'avoit point encore exa-
miné la cassette, il l'ouvrit, il admira
plusieurs brasselets d'émeraude, quelques
diamans qui n'étoient pas montés, d'autres taillés et destinés pour les oreilles,
plusieurs bagues d'un grand prix : au
fond de la cassette étoit un petit cadenat

de topase, portant une clef de cristal de
roche, qui fermoit une boîte de saphir;
il se hâta de voir ce qu'elle contenoit;
il trouva dedans, un parchemin plié,
qui enveloppoit une bague d'un métal
inconnu; il apperçut des caractères sur
le velin, il lut ce qui suit : « Cet
» anneau, porté au quatrième doigt de
» la main droite, lorsqu'on tracera dans
» l'air le signe sacré de notre rédemp-
» tion, fera croître la lance d'amour
» de douze pouces; pour remettre les
» choses en leur état naturel, l'on pren-
» dra l'anneau de la main gauche, et
» l'on fera autant de signes de croix
» que l'on en avoit fait de la main droite.
» Cette bague a encore la vertu de pré-
» server de tout enchantement celui qui
» la porte. *Nota bene*. Il faut jetter au
» feu cet anneau et ce mémorial. »
Raoul se garda bien d'exécuter le

nota bene ; il mit la bague à son doigt, monta sur son coursier, et suivi de son noble Varlet, il prit le chemin de Bordeaux, afin d'y voir son parent le brave Huon, qui étoit seigneur de cette ville.

Raoul se proposoit, par le moyen de l'anneau, de parvenir au fond de la grotte de Vénus ; il formoit mille projets agréables. Tandis qu'il bâtissoit des châteaux en Espagne, tous plus délicieux les uns que les autres, son écuyer et lui s'apperçurent qu'ils étoient au milieu de la forêt de Leictoure ; ils virent venir à eux un chevalier puissamment monté, armé de toutes pièces ; son casque étinceloit de mille feux, il portoit pour cimier un cygne d'argent au bec de gueules, son bouclier de Sinople, et sa devise, gravée en or, étoit : *Hommes ou femmes, je les renverse.*

Ce chevalier étoit le frère d'Angélique, le gentil l'Argail ; sa lance, comme tout le monde sait, de l'or le plus pur, avoit la vertu de culbuter tous les chevaliers qu'elle touchoit. Du plus loin qu'il apperçut Raoul, il lui cria : homme d'armes, convenez que votre amie est moins belle que la dame de mes pensées, ou je vous défie à la joûte. Le vaillant fils de Maugis n'avoit point de maitresse ; mais il possédoit un si grand courage, qu'il fit une description pompeuse des beautés de son amante future, et soutint bravement que quiconque oseroit lui comparer une autre pucelle, ou non pucelle, étoit un chevalier déloyal et non courtois. ---- Acceptez-vous le défi, s'écria l'Argail ? ---Oui sans doute, reprit Raoul ; quelles sont les conditions du combat ? --- « Le vainqueur aura pour lui les

» armes, les chevaux, le bagage et
» l'écuyer du vaincu ; celui-ci, en sim-
» ple tunique, ira chez la reine de
» Golgonde avouer à ses pieds sa dé-
» faite, et jusqu'à cet aveu, il ne
» pourra combattre, soit avec la lance,
» soit avec l'épée. » — J'accepte ces conditions, répondit Raoul ; il baissa la
visière de son casque, et voulant chaus-
ser ses gantelets, il laissa tomber, sans
s'en appercevoir, l'anneau précieux ; il
prit du champ, et la lance en arrêt il
fondit sur son adversaire ; celle de l'Argail eut l'effet accoutumé ; à peine eut-
elle touché Raoul, qu'il perdit ses étriers
et se trouva sur l'herbe.

Les loix de la chevalerie sont sacrées.
Raoul se releva tout confus, et demanda
à l'Argail le chemin de Golgonde. —
Allez-vous en à Bordeaux, repartit le
vainqueur, vous vous y embarquerez ;

voilà trente écus pour les besoins de votre
route, et le paiement de votre transport
sur la nef qui vous conduira vers la
reine; présentez-lui les respects de l'Argail : il dit, et s'empara de l'armure,
du coursier, de la cassette, du roussin
et de l'écuyer, qui ne vit pas, sans verser
des larmes, son maître, vaincu, et en
simple tunique.

Le chagrin de Raoul étoit trop grand
pour qu'il eût le souvenir de l'anneau;
il traversa tristement la forêt de Leictoure, et le troisième jour il arriva dans
la ville d'Agen où il se reposa.

CHAPITRE

CHAPITRE II.

Comment Raoul retrouva son anneau.

C'EST avec raison que l'on donne à Charlemagne le titre de grand homme; il fit de sages lois, il sut parfaitement employer le courage de ses paladins, il réprima l'audace des parlemens, il allégea le fardeau du peuple; c'est un saint, il n'en faut pas douter. Il respecta la religion et contint ses ministres; ce fut ce grand empereur qui le premier imagina que les archevêques assembleroient chaque année leurs suffragans, afin de discuter les points de discipline et de réprimander les évêques qui auroient pu se relâcher.

K

Le vieux prélat d'Agen , après avoir assisté dans Toulouse à une de ces assemblées , que l'on nommoit sinode , retournoit dans son diocèse (Obald étoit son nom) suivi de ses gens , monté sur sa mule ; il traversa la forêt de Leictoure quelques heures après le combat de l'Argail et de Raoul ; il apperçut sur l'herbe quelque chose de brillant , il s'arrêta , et un de ses domestiques lui présenta la bague dont le lecteur connoît la vertu. Le bon Obald l'ayant admirée , la mit justement au doigt de la main droite ; lorsqu'il fut à un quart de lieue , des jeunes paysannes se mirent à genoux pour recevoir la bénédiction de monseigneur , il la leur donna gracieusement : quelle fut sa surprise de sentir ce qu'il n'avoit point éprouvé depuis vingt ans ; notre saint évêque , tout ragaillardi , continua sa route. Ce fut bien autre chose lorsqu'il entra dans la ville ; la quantité de bénédictions tracées dans les airs accrurent tellement ce que vous savez, que le prélat en étoit précédé de cent vingt pieds. Retiré dans son palais, il gémissoit de sa grandeur ; il fit des prières et sur-tout des signes de croix qui ajoutèrent à son affliction. Les uns assuroient que c'etoit l'effet d'un sort, d'autres prétendoient que c'étoit une punition de Dieu ; ceux-ci une récompense, ceux-là une maladie, enfin toute la ville, et particulièrement les médecins, déraisonnoient sur cet événement, et monseigneur étoit fort embarrassé. Le bruit de cette avanture parvint au triste Raoul. Ses chagrins en furent adoucis ; il courut à l'évêché, il assura les grands vicaires de la guérison de monseigneur s'il pouvoit lui parler tête-à-tête pendant une demi-heure. Malgré sa simple vêture, Raoul avoit si bonne mine, un si grand air de noblesse, de franchise et de vertu, qu'il inspiroit la confiance. Il fut donc introduit auprès du prélat: monseigneur, lui dit-il, vous savez que Dieu défend de garder le bien d'autrui, rendez-moi ce qui m'appartient, et je peux vous assurer qu'avant un quart d'heure, ce qui vous tourmente ne vous affligera plus. Obald lui répondit: Je ne sais point, monsieur, si j'ai quelque chose à vous; instruisez-moi et, je vous jure, foi de prêtre, de vous remettre sur-le-champ ce que vous réclamez. Eh bien! monseigneur, répartit Raoul, l'anneau que vous portez est le mien, et si je ne me trompe, vous l'avez trouvé dans la forêt de Leictoure. Il est vrai, reprit l'évêque; et tirant la bague de son doigt, il alloit la rendre à Raoul, qui lui dit: monseigneur, remettez cet anneau à

votre main gauche , et tracez de cette
main des signes de croix ; lorsque vous
serez comme vous devez être , je repren-
drai ma bague : ainsi fut fait ; le prélat
éprouva promptement les heureux effets
que notre chevalier lui avoit annoncés ;
il fut tenté un instant de se réserver
quelques pouces , mais la grace du seigneur triompha , et Obald revenu à son
état naturel , remit la bague au paladin ,
lui offrit plusieurs dons ; Raoul les re-
fusa , et sans vouloir se nommer , il se
retira , résolu d'accomplir avec fidélité
les loix que l'Argail lui avoit imposées.

K 5

CHAPITRE III.

Comment Raoul tua un géant, et délivra la reine de Golgonde.

RAOUL, quoique très-joyeux de la possession de son anneau, étoit cependant toujours affligé d'avoir été vaincu, d'être à pied, de n'oser paroître chez son parent Huon de Bordeaux, qui auroit repoussé un chevalier sans armes. En cheminant avec tristesse, il se trouva aux pieds des tours d'un château superbe : un géant tout nud, armé d'une forte et pesante massue, étoit assis près de la porte, et paroissoit en défendre l'entrée; Raoul, par les loix du combat dans la forêt de Leictoure, ne pouvant tenter cette aventure, alloit passer outre, lorsqu'une femme parut à une fenêtre grillée, et lui cria, d'une voix lamentable : qui que tu sois, protège une reine infortunée, la belle Atalide de Golgonde, ma maîtresse, qu'un maudit mécréant retient dans ce châtel. Deux nègres parurent alors, et firent retirer de force la dame à la voix plaintive.

Raoul se trouva dans une étrange perplexité ; hélas ! se disoit-il en lui-même, je ne puis délivrer la reine de Golgonde ! je suis sans armes, je ne peux m'en procurer sans violer les loix de la chevalerie ; cependant si la belle Atalide reste captive, je verrai ma jeûnesse se flétrir dans une honteuse oisiveté. Il se désespéroit : le malheur fait naître la piété, lorsque l'on n'a rien à espérer des hommes l'on a recours à Dieu ; il se mit en prières. Après avoir invoqué Saint-Denis, le noble patron de la France

et le sien, il se crut inspiré par eux ;
il se retira proche d'un grand arbre, il
exalta son imagination sur les charmes
d'Atalide, et lorsqu'il se vit dans l'état
que l'on éprouve auprès de la beauté,
il fit une demi-douzaine de signes de
croix, et s'avança à dix pas du géant ;
alors d'une voix forte, il le défia. Mongor,
c'est le nom de l'homme monstrueux,
sourit du défi et de la jeunesse de Raoul,
et pour plus grande marque de mépris,
lui montra le derrière. Raoul redoublant
dè signes de croix et courant avec la
vitesse d'une flèche décochée par un bras
nerveux, atteignit le géant, le perça,
puis se renversant un peu, il éleva le
monstre de dix toises, et le choquant avec
force contre les murs, il eut bientôt
brisé les membres de son adversaire.
Voyant qu'il ne respiroit plus, il prit
son anneau de la main gauche, fit une

suffisante quantité de bénédictions, et ayant étendu le cadâvre sur la poussière, il s'empara de la massue, avec laquelle il rompit promptement la porte du château.

Raoul dirigea ses pas du côté d'où il avoit entendu la dame gémissante; des nègres armés d'épieux voulurent s'opposer à son passage, il les assomma lestement; il trouva enfin le lieu qui renfermoit les dames, il lui fallut encore enfoncer une porte. La reine de Golgonde alloit se jetter à ses pieds; c'est à moi, dit-il, belle princesse, à me jetter aux vôtres; vous voyez Raoul d'Aigremont, un triste chevalier, que l'Argail a vaincu; je n'en suis plus surpris, puisqu'il combattoit pour la déesse de la beauté. — Noble fils de Maugis, reprit Atalide, cessez de vous affliger, vous n'avez point été vaincu; apprenez que la lance de l'Argail est enchantée, et qu'elle a le don de renverser tout ce qu'elle touche; sans ce charme, vous eussiez certainement triomphé ; mais je vous dois l'honneur, que puis-je faire pour vous témoigner ma reconnoissance ? un doux regard accompagnoit ces paroles, et promettoit beaucoup au fortuné paladin; qui baisa la main de la belle Atalide ; ils parcoururent le château, ils y trouvèrent toutes sortes de provisions de bouche, et ce qui réjouit infiniment Raoul, ce fut une quantité prodigieuse d'armures complettes qui étoient rassemblées en trophées dans une grende salle; les écuries étoient remplies d'excellens chevaux, qui appartenoient jadis aux chevaliers sur lesquels Mongor avoit remporté la victoire, et qu'il avoit inhumainement fait périr.

Atalide, Raoul et Fatime se mirent

à table ; après le souper , le fils de Maugis supplia discrètement la reine de Golgonde de lui raconter comment et par quel hasard elle se trouvoit dans ce château ; Atalide satisfit la curiosité du paladin , ainsi que vous le verrez dans le chapitre suivant.

CHAPITRE IV.

Histoire de la reine de Golgonde ; comment Raoul lui sauva la vie, et comment il en fut récompensé.

ANGELIQUE est ma cousine ; je l'accompagnai en France, moins par haine pour Charlemagne et ses paladins, que par amitié pour la princesse du Cathai ; nous avons été élevées ensemble. Vous n'ignorez pas les victoires de votre empereur ; vous savez comment il a chassé les Sarazins : nous avons perdu la plupart de nos meilleurs chevaliers ; l'amour d'Angélique pour Médor est venu à votre connoissance. Après son

son union avec ce beau berger, nous nous séparâmes, et suivie de Fatime, j'allois, sans être connue de personne, à Bordeaux, afin de m'y embarquer pour retourner dans mes états; lorsque je rencontrai l'Argail à Langon; il voulut m'accompagner : je redoutois son amour, et voulant me débarrasser de cet importun, je lui dis que j'avois de fortes raisons pour que votre père ne sût point que j'étois dans une ville dont il est en quelque manière le souverain, où son pouvoir égale l'inimitié qu'il porte aux musulmans, l'Argail me quitta enfin. A peine étois-je à deux lieues de Langon, que le géant Mongor nous apperçut; il se mit à courir, et nous atteignit sans peine; puis prenant Fatime et moi entre ses bras, il nous porta comme deux enfans dans son château, où sans vous je serois morte, car ma

L.

résolution étoit prise, de périr plutôt que de satisfaire la passion horrible de ce monstre détestable ; le ciel vous a conduit en ces lieux, et je me confie tellement à votre loyauté, que je me mets sous votre conduite, convaincue qu'avec un chevalier si noble et si courtois, mon honneur et ma liberté ne courrent aucun risque. Raoul, brûlant d'amour, flatté de la confiance d'Atalide, jura de la reconduire dans son royaume, et d'écarter, aux dépens de sa vie, tous les dangers qui pourroient menacer la belle reine qui daignoit le prendre pour son chevalier.

Le jour suivant, au lever de l'aurore, après s'être armé complettement dans la salle du château, il descendit dans les écuries ; il y choisit le plus beau coursier, et l'ayant sellé et bridé ainsi que les haquenées d'Atalide et de Fatime, il se mit en route avec ces dames ; ils voyagèrent toute la matinée sans aucune aventure ; ils arrivèrent au port Sainte-Marie , où il falloit passer la Garonne ; le batelier se présenta pour les recevoir dans son bac ; ils étoient au milieu du fleuve lorsque le mouvement du bateau , ou quelqu'autre chose , effraya la haquenée que montoit Atalide : cette bête se cabra, et ses mouvemens furent si vifs et si redoublés , qu'ils lancèrent loin du bac la reine de Golgonde ; le fleuve étoit fort rapide , et son courant entraînoit avec violence la cousine d'Angélique. Raoul , qui joignoit à la plus haute valeur une présence d'esprit admirable , comprit que s'il se jettoit à l'eau tout armé , malgré sa vigueur, jamais il ne pourroit atteindre la dame de ses pensées ; il se tourna vers elle et dépêcha une cinquantaine de

signes de croix avec la plus grande vitesse : Atalide ne manqua pas d'empoi-
gner ce qu'elle voyoit près d'elle ; sentant
que la force de ses mains seroit promptement épuisée , elle le mit entre ses
genoux ; lorsque son chevalier vit qu'elle
s'étoit bien cramponée, prenant son anneau de la main gauche , par des bénédictions réitérées , il ramena vers lui
la reine , qui rougit beaucoup du moyen
que Raoul avoit employé pour la sauver ;
mais sa pudeur , quoique très-grande ,
étoit moindre que sa reconnoissance.

Après que la reine de Golgonde eut
changé d'habits, elle remonta sur sa haquenée, et baissant les yeux, les roses de
ses joues ayant acquis un nouvel éclat,
elle tint à-peu-près ce discours à Raoul :
vaillant fils de Maugis, je vous dois
l'honneur et la vie, comment recon-
noître les services que vous m'avez ren-

dus? si mon trône et ma main peuvent vous prouver ma gratitude, l'un et l'autre sont à vous. Le beau chevalier se jetta aux piéds de la reine, lui voua un amour éternel ; ils convinrent de ne point se faire connoître à Bordeaux, et de s'embarquer promptement ; ils arrivèrent le lendemain dans la ville, et se logèrent dans un endroit écarté ; Raoul alla sur le port afin de s'informer si quelque vaisseau ne partoit point pour les Indes ; quelles furent sa surprise et sa joie de retrouver son fidel écuyer ; celui-ci raconta que Renaud de Montauban ayant rencontré l'Argail, l'avoit combattu ; la lance de ce dernier avoit produit son effet accoutumé, mais Renaud mettant l'épée à la main, avoit de nouveau défié son adversaire, qui fut tué après un rude combat, et que le généreux Renaud lui avoit remis tous les effcts dont l'Argail s'étoit emparé, qu'il avoit quitté ecbon paladin pour venir joindre son cher maître; Raoul l'embrassa, et lui fit part de toùt ce qui étoit arrivé depuis leur séparation ; ils achetèrent an vaisseau, l'équipèrent. La reine de Golgonde, Raoul, Fatime et l'écuyer firent un heureux voyage ; les nôces se célébrèrent quinze jours après leur arrivée, le fidel écuyer épousa Fatime, et devint premier mînistre du roi de Golgonde, dont la postérité est encore sur le trone de ce riche empire.

HALY,

FILS D'HALY-BED,

CONTE ARABE.

HALY,

FILS D'HALY-BED,

CONTE ARABE.

Sous le règne du calife *Mahmoud*, vivait *Adamas Haly*. Ce jeune homme étoit fils d'*Hali-bed*, reis - effendi, ou premier ministre.

Une figure intéressante, beaucoup d'esprit, et sur-tout la place importante qu'occupoit son père, le faisoient trouver adorable, divin, délicieux; les femmes disoient: *Haly* est charmant;

les hommes vantoient sa belle ame, son bon cœur et sa générosité.

Le jeune *Haly* avoit pour amis toute la jeunesse de la cour; mais dans la foule de ses égaux, il distingua le jeune *Cosron*, fils de l'Aga de Spahis. Ils étoient liés d'une amitié étroite; ils ne se cachoient rien, leurs cœurs sembloient n'en faire qu'un.

Un jour qu'*Haly* et *Cosron* sortoient d'un grand souper, sur les sept heures du matin, ils se trouvèrent près d'un caravenserail, où l'on vendoit des esclaves. *Haly* remarqua une jeune grecque de dix-huit ans, faite comme l'on peint les Houris : il la marchanda, on la lui vendit cent sequins d'or. Il envoya chercher un palanquin fermé, et fit conduire la jeune esclave dans une petite maison, à l'extrêmité des fauxbourgs de Damas. C'étoit là qu'*Haly*, suivant l'usage des courtisans de son tems, jouissoit de tous les plaisirs qu'une grande fortune et une santé robuste peuvent procurer. Les historiens mahométans prétendent que ces petites maisons diminuoient beaucoup les grandes fortunes et les santés robustes.

Haly ayant donné les ordres nécessaires au sujet de sa nouvelle emplette, alla se coucher : *Cosron* en fit autant, après avoir donné rendez-vous à son ami pour cinq heures du soir. Ils se rendirent l'un et l'autre à la petite maison, suivant leur promesse. La jeune grecque parut encore plus belle aux yeux d'*Haly*; elle chanta supérieurement, sa voix étoit céleste, elle demanda une harpe, elle déploya un bras fait au tour, elle montra un pied, quel pied! il n'en est pas de plus petit à la Chine. *Cosron* s'apperçut qu'il étoit tems de se

retirer , il laissa seuls *Haly* et son esclave.

Lorsqu'ils furent tête-à-tête , Phila-
logous (c'est le nom de la jeune grecque) se jetta aux pieds d'*Haly* ; je suis
votre esclave , dit-elle , vous pouvez
disposer de ce que vous avez payé ; mais
l'amour et la tendresse ne s'achètent
point , et jamais un maître ne fut aimé
pour des sequins.

Haly releva la grecque : divine Philologous ! vous êtes une houry, lui
dit-il , vous n'êtes pas née pour l'esclavage , Mahomet sans doute vous
protège ; je vous ai acheté , j'en conviens , mais vos charmes , votre esprit , m'annoncent que vous êtes faite
pour commander ; soyez ma sultane et
la souveraine de ce lieu ; que n'ai-je
un empire , je le déposerois à vos
pieds : au nom du saint prophète ,
apprenez

apprenez-moi à qui je parle ; vous êtes sans doute du noble sang de *Scander* : (1) non, répartit l'esclave, je vais vous raconter par quel hasard je suis en ces lieux.

Histoire de la jeune Grecque.

Mon père étoit *Papas* ; (2) il s'appèle Philologous ; c'est un homme savant, savant comme il n'y en a point ; il cônnoit le nom de toutes les coquilles qui sont dans la Propontide, la quantité de tous les marbres que l'on vend à Palmire ; il sait combien il y a de rochers dans notre pays., combien il tombe de pouces cubes d'eau de pluie pendant le mois d'escherval ; mais tandis

---

(1) Scander esf le nom que l'on donne à Alexandre dans toute l'Asie.

(2) Papas est le nom des prêtres grecs.

M

que mon père s'occupoit de coquilles,
du marbre, des rochers et de la pluie,
ses fermiers le trompoient, nos esclaves prirent la fuite, ma mère mourut,
malgré le remède efficace dont Philologous avoit trouvé la composition dans
le *Lend*; l'ange de la misère s'établit
dans la maison, un juif passa, offrit
douze sequins et une poule de ma personne. Mon père prit les douze sequins,
mangea la poule, et le juif m'emmena
dans le caravenserail, où j'ai baisé la
poussière de vos pieds : mais, seigneur, si je suis votre esclave, je n'ou-
blierai jamais que je suis la fille d'un
Papas

Divine Philologous, vos fers sont
brisés, dit *Haly*, je ne veux vous prouver mon amour que par mon respect, et
mériter votre estime. Un doux sourire
fut la réponse de la jeune grecque, et

Cosron informé de la conduite de son ami, raconta dans vingt cercles la générosité du fils du premier ministre. Cette belle action fut admirée de tous les courtisans; quelques jeunes bachas se moquèrent cependant de la retenue d'*Haly* dans sa petite maison. Je ne répéterai point leurs propos, les oreilles des femmes sont comme un miroir d'acier bien luisant, un souffle le ternit, et je ne veux rien ternir.

L'heure de la seconde prière n'étoit pas encore arrivée, qu'*Haly* alloit vers sa petite maison, monté sur son beau cheval; il pressoit les flancs de ce noble coursier qui voloit., telle qu'une flèche décochée par un vigoureux archer; un homme qui vendoit des fromages, fut renversé, en traversant une rue. Malgré son amour, malgré la dignité de son père, *Haly* descendit decheval, releva l'homme au fromage , lui donna vingt sequins , et cette aventure fit encore un grand bruit dans Damas.

Tandis qu'*Haly* , aux pieds de sa maî-tresse , exprimoit son amour , tandis que plusieurs marchands déployoient les plus belles étoffes , que des bijou-tiers étaloient des pendans , des brasse-lets de diversés formes , et que Philo-logous choisissoit , en regardant avec tendresse son amant , la ville de Da-mas retentissoit des louanges du jeune *Haly*.

Son père donnoit audience ce jour-là ; tout le monde vantoit avec enthou-siasme la belle action du fils du minis-tre envers l'homme au fromage ; le ca-life *Mahmoud* en fut informé à son dî-ner par l'échanson , qui étoit une des créatures du reis-effendi.

Le calife , satisfait de cette bonne action, ordonna qu'*Haly* lui fût présenté le soir même, et prenant le café avec la sultane, son épouse, et les sultanes, ses sœurs, il leur raconta ce qu'il avoit appris de son échanson, et les sultanes louèrent à l'envie ce qui s'étoit passé ; elles l'admirèrent d'autant plus, qu'on leur avoit dit qu'*Haly* étoit un des plus beaux hommes de l'empire.

Vers la douzième heure du jour, *Haly* retournoit à son hôtel, suivi d'un seul esclave ; il étoit dans une rue détournée, lorsqu'il apperçut un homme qui se défendoit contre quatre voleurs, mais ses forces commençoient à s'épuiser ; il alloit succomber, lorsqu'*Haly*, le sabre à la main, vola à son secours ; c'étoit *Cosron*, les voleurs ne résistèrent point, ils prirent la fuite, et *Haly* eut le bonheur de sauver la vie de son ami.

Le calife, le reis-effendi et tout Damas, surent encore cet évènement.

Haly fut présenté au *Calife* avant la prière du soir ; le commandeur des croyans fut enchanté de son esprit, de sa belle ame, de sa bravoure ; il lui dit : j'aime votre père, vous êtes un fils digne de lui ; je veux vous récompenser l'un et l'autre ; je vous fais mon premier écuyer, et demain vous épouserez *Charme-des-yeux*, ma sœur.

Le père et le fils se prosternèrent ; l'heure de la prière étant venue, ils se retirèrent.

En allant à la mosquée, *Haly* se disoit : divin prophète, tu me combles de tes faveurs, rien n'égale ma félicité ; mon ami m'aime tendrement, je suis chéri de ma maîtresse ; le calife m'a fait son premier écuyer ; demain j'épouse *Charme-des-yeux* : ô Maho-

met ! que de grâces je dois te rendre !
Un derviche interrompit ces douces réflexions , en lui demandant l'aumône ;
le fils du ministre lui donna deux sequins : jeune homme , lui dit le derviche , la bonté de ton ame est connue
de Dieu , le divin prophète te protège ,
et demain tu seras dans la route du bonheur.

La prière étant finie , le reis-effendi et
son fils retournèrent dans leur hôtel , afin
d'ordonner les préparatifs pour les noces
du lendemain. A minuit , le jeune *Haly*
courut à sa petite maison , informer la
jeune grecque de son bonheur. Il étoit
d'usage , au tems du calife *mahmoud* ,
de faire part d'un hymen avantageux à
sa maîtresse ; la fortune de l'amant
faisoit la félicité de l'amante.

Le chef des cuisines du commandeur
des croyans étoit jaloux de la place , de

la faveur et des richesses de reis-effendi; le mariage d'*Haly* avec la sultane *Charme-des-yeux*, augmenta sa jalousie et sa haine; il cachoit tous ces sentimens dans les replis de son cœur : le cœur des courtisans est, comme l'on sait, plus ténébreux que la lune, alors qu'une éclipse nous dérobe sa pâle lumière.

Le calife, au coucher du soleil, déposoit ordinairement l'éclat resplendissant qui jaillit du trône; il oublioit le rang suprême, afin de jouir des douceurs de l'égalité; il laissoit reposer la loi du saint prophète, et savouroit à longs traits cette liqueur enchanteresse qui console le pauvre et qui le met au niveau du riche. Le sultan satisfait de l'hymen projetté, content d'avoir fait une action juste, en récompensant le mérite d'un sujet vertueux, voulut se livier à sa gaîté naturelle, et l'augmenter par le jus que produit l'arbrisseau de Noë. Le chef des cuisines étoit présent à l'orgie du sublime sultan; le vin developpe les caractères, celui de *Mahmoud* étoit la bonté, la justice; mais il étoit violent et sujet à la prévention. Les discours, pendant cette fête intérieure, changèrent souvent d'objet; l'on parla chevaux, le commandeur des croyans vanta beaucoup les qualités d'un coursier qu'il avoit dressé lui-même, et que l'on nommoit la foudre. Le chef des cuisines enchérit sur les louanges que lui donnoit le sultan; cependant, seignenr, on lui trouve des défauts; *Haly* prétend qu'il a les oreilles trop longues et la queue trop courte : il n'est pas possible, reprit le calife, qu'*Haly*, qui a du mérire, ait dit une telle absurdité. Qnelques bacchas, tous ennemis du reis-effendi, *Cosron* lui-même affirmèrent qu'*Haly* pensoit ainsi de l'auguste cheval. *Mahmoud* refusoit de croire qu'un bon croyant, qu'un sujet fidèle, pût trouver des défauts à sa monture; il ordonna que l'on fît venir *Haly* sur-le-champ : c'est là ce que demandoient les courtisans; ils connoissoient la véracité de ce jeune, homme auquel les réflexions sur le coursier étoient véritablement échappées.

Haly parut devant *Mahmoud*, qui lui demanda s'il étoit vrai que *Lafoudre*, son noble coursier, eût les oreilles trop longues et la queue trop courte : cela m'a paru ainsi, répondit très-naïvement le fils du reis-effendi; telle que l'eau resserrée dans un tube, s'échappe et s'élance dans les airs, de même la colère du calife devint d'autant plus vive, qu'elle avoit été contenue pendant quelque tems ; il chassa de la salle honteusement *Haly*, il ordonna de l'arrêter, et à un officier subalterne de le conduire dans l'islé des Anes, et de l'y laisser pendant deux ans. Il envoya chercher en même tems le reis-effendi, et lui demanda s'il croyoit que *Lafoudre* eût les oreilles trop longues et la queue trop courte. — Qui pourroit ainsi calomnier l'animal divin que monte le père des croyans, répondit le vieux ministre ? jamais cheval n'eut l'oreille si petite, si bien faite, la queue plus fournie, plus en trompe, plus analogue à la croupe, et la sienne est celeste.–Votre fils prétend le contraire. — O Mahomet, mon fils auroit dit une sottise pareille ! il faut que la tête lui ait tourné. —Je le pense de même, et je l'ai relégué pour deux ans dans l'isle des Anes. —

Le reis-effendi repliqua , en se proster-
nant: magnanime calife , vous êtes toujours clément et juste ; alors le sultan
se retira , et tous les courtisans quittèrent le palais.

Cependant l'on entraînoit *Haly* ; il
rencontra aux portes de Damas le derviche qui avoit reçu de lui la veille
deux sequins , et qui lui demanda encore l'aumône. Hélas ! lui dit *Haly*,
je n'ai plus rien à vous donner , ma fortune a disparu ; riche hier , pauvre
aujourd'hui , que vos prophéties sont
fausses !—Jeune homme , reprit le derviche , ton menton n'est point encore
orné de la barbe , et tu décides , tu
tranches. N'as-tu jamais vu , alors que
le soleil est au signe du chien , la cha-
leur accabler les mortels repandus sur
la surface des guérets , un nuage pa-
roitre , le tonnerre gronder au loin ,
les

les cataractes du ciel s'ouvrir, l'éclair
briller, la foudre partir et s'élancer :
chacun tremble ; mais bientôt l'arc brillant se montre au haut du ciel, l'air
est rafraîchi ; le voyageur respire, les
oiseaux chantent plus tendrement, le
moissonneur reprend courage ; tous bé-
nissent l'ouragan qui leur avoit causé
tant d'effroi. Sois donc soumis au Dieu
créateur de l'univers, ses décrets sont
impénétrables ; *il n'y a d'autre Dieu,
que Dieu et Mahomet son prophète.*
Vas, et ne murmure point contre la divine providence.

Le lendemain, tout Damas fut ins-
truit de la disgrace d'*Haly* ; ses créan-
ciers, qui n'étoient pas en petit nom-
bre, vinrent trouver le reis-effendi.
Le ministre leur dit : je vous abandonne
la petite maison, les esclaves, les équi-
pages, les chevaux de mon fils ; je sou-

N

haite que cela suffise pour votre paiement , et il congédia cette grande
troupe.

La charmante *Philologous* fut menée au caravensérail , et le crieur-pu-
blic la proclamoit à cent sequins , lorsque le calife passa ; frappé de la beauté
de la jeune grecque , il mit une en-
chère ; personne n'osa la surpasser,
et il fit conduire la nouvelle esclave à
son sérail.

Philologous , dans le sérail du sultan , devint bientôt l'amie de *Charme-
des-yeux* , et favorite de *Mahmoud*.

Le gout le plus vif du commandeur
des croyans , après le vin , étoit la
chasse. *Philologous* montroit une envie passionnée de partager les plaisirs
et les fatigues de cet amusement ; elle
ne portoit plus de babouches , mais des
brodequins ; au lieu de l'éguille d'or

qui relevoit sa longue chevelure, un mouchoir noué en forme de turban, lui donnoit l'air de la déesse que les idolâtres croyoient présider au noble délassement des monarques. Elle avoit tant de charmes, vêtue en chasseresse, que le calife voulut bien, en sa faveur, rompre les loix austères du sérail, qui ne permettent à personne de sortir : elle suivoit donc le sultan à la chasse ; elle montoit un coursier avec une audace, une adresse, une grace, qui achevèrent de rendre *Mahmoud* le plus passionné des hommes. Un jour qu'ils suivoient un cerf, le calife dit à *Philologous :* l'on m'a dit tant de bien, tant de mal d'*Haly*, que je ne sais quel jugement porter : vous l'avez connu, qu'en pensez-vous?—C'est un homme de beaucoup d'esprit.—Je n'en crois rien, réprit le sultan, il a eu la sottise de me dire à moi-même que *Lafoudre* avoit les oreilles trop longues et la queue trop courte. — Eh mais, dit *Philologous*, il n'avoit pas tant de tort; car, sauf le respect que l'on doit toujours à la monture d'un souverain, votre cheval a réellement ce petit défaut. Comparez les courtes oreilles et le front allongé de celui que je monte, et jugez. Le cheval que vous m'avez donné, est bien plus beau que *Lafoudre*, convenez-en, mon aimable calife; *Haly* n'a fait d'autre sottise, que celle de vous contrarier.

Le calife avoua que l'exilé pouvoit avoir raison, tant nos jugemens sont dissemblables : ils ressemblent à la girouette qui, sur le haut des minarets, tourne au gré des airs ; et le sultan revint dans son palais, plus épris encore de la beauté, des graces de *Philolo-*

gous, et moins prévenu contre le fils de son ministre : voilà le pouvoir d'une jolie femme.

Cependant *Haly* étoit tristement sur la route de l'isle des Anes, lorsqu'il fut rencontré par une troupe d'Arabes-Bédouins, qui menèrent conducteurs et prisonniers, en Perse, et les exposèrent en vente : *Haly* fut acheté par un persan, d'une famille noble, et qui descendoit de *Zoroastre*.

Kouli-Egli, c'est le nom du persan, étoit un homme à la fleur de l'âge, philosophe, prudent, économe, ne faisant aucune action sans motif, calculant la suite de la moindre démarche, un modèle de prévoyance ; enfin, au demeurant, très-éclairé, cultivant les lettres avec succès, et faisant grand cas de l'amitié. *Scha-Verson* étoit l'ami de son cœur, quoique d'un caractère opposé : l'ame également belle , il ne comptoit pas sur la vaine prévoyance des hommes , il laissoit faire le hasard , effleuroit tout , ne faisoit cas de rien , excepté de l'amitié.

Haly devint bientôt cher à son maître ; sa douceur , l'air noble de son maintien , l'empreinte du chagrin que lui donnoit sa captivité , le rendoient plus aimable encore. *Kouli-Egli* , pour lui adoucir les maux de l'esclavage , le fit son chasse-mouche. Cet emploi peu fatigant le tenoit toute la journée auprès de son patron , et il étoit témoin des petites contestations qu'avoient les deux amis : l'un prétendoit que la prévoyance est d'une nécessité absolue pour être heureux , l'autre soutenoit que le hasard faisoit tout.

Rien n'est si beau, assurément , rien n'est si subtil , rien ne donne autant de ressort à l'esprit, que la métaphysique ; cette science fait à l'ame, ce qu'une pierre fait à l'acier ; elle éguise, elle donne le tranchant à notre intelligence, l'on voit tout en Dieu, l'on se croit une portion de l'Etre - Suprême, et le célèbre Iman, qui recherchoit la vérité, étoit, comme les doctes le savent, un homme fort aimable et très-gai. Honneur à la métaphysique.

Si notre ame a besoin de s'exercer, si elle est un feu qu'il faut nourrir, comme le disoit le poëte *Saady*, avant un autre poëte qui l'égale au moins, il en est de même du corps ; il lui faut donner des alimens. Si la foule de nos connoissances, si l'imagination trop exaltée, nous fait quelquefois mal raisonner, il en est ainsi du corps : trop de nourriture l'incommode ; si l'on boit trop, l'on s'enivre, et c'est ce qui arrivoit assez fréquemment à nos philosophes : lorsque le vin de Chiras, bu avec profusion, ajoutoit un dégré à leur vivacité, ce n'étoit plus des hommes sages, c'étoit des enfans ; mais toujours attachés à la nature, ils contrefaisoient, étant ivres, le cri de différens animaux ; *Haly* excelloit à imiter les miaulemens d'une chatte que le besoin d'aimer anime et transporte.

Nos philosophes et leur esclave avoient passé un an à-peu-près à raisonner, à braire, à boire, à mugir et à miauler, lorsqu'un évènement de la plus grande importance suspendit l'uniformité de leurs occupations : voici l'affaire sérieuse qui faisoit fermenter les têtes savantes et ignorantes du grand empire de Perse.

Le sublime Sophi protégeoit les arts, et récompensoit magnifiquement les artistes. Le blanchisseur de la cour, le célèbre *Kaliskier*, dont la découverte et le nom seront immortels, souffla par hasard dans un tuyau de paille; il en sortit un globule qui s'éleva dans les airs. Toute la Perse cria au miracle; chacun prit de la paille, du savon, et peupla l'atmosphère de nouveaux habitans. Le généreux monarque éleva *Kaliskier* au rang des bacchas, et lui donna deux mille sequins de revenu.

Kouli-Egli, *Scaversou*, et le chasse-mouche, qui étoient philosophes, soufflèrent comme les autres, et beaucoup mieux. *Haly* prit un jour un bâton de *bambout*, le creusa, le trempa dans une chaudière remplie d'eau de savon; il sut si bien ménager son souffle, qu'il produisit un globe de cent pieds de diamètre; ce globe s'éleva majestueusement; le soleil, par ses rayons, l'embellit de mille couleurs; tout Hispahan fut dans l'admiration. Le Sophi ayant su quel étoit l'auteur du superbe globe, fit venir *Haly*, le tira d'esclavage, et lui fit compter quatre mille sequins.

Le fils du reis-effendi devenu libre, avant de retourner à Damas, voulut donner à souper à son ancien maître; l'ami *Schaversou* ne fut pas oublié, et il leur raconta, en soupant, comme quoi il avoit plu au calife *Mahmoud*; comme quoi, ayant dit que le cheval du sultan avoit les oreilles trop longues et la queue trop courte, il avoit été condamné à passer deux ans dans l'isle des Anes; comme quoi il avoit été fait prisonnier, esclave, et enfin, ajouta-t-il, vous savez comment j'ai récouvert ma liberté; et *Schaversou* trouva dans ce récit, des preuves nouvelles que le hasard fait tout.

Le souper fut long ; nos philosophes raisonnèrent beaucoup, burent davantage, et le soleil appelloit les fidèles à la seconde prière, ils étoient encore à table ; à la vérité ils ne raisonnoient plus.

Le crieur public passa, et fit l'annonce suivante : de par le grand Sophi, frère du soleil, cousin de la lune, allié de l'ourse, du chien, et des autres étoiles ; rose de joie, muscade de consolation ; savoir faisons que *Kesri*, le plus beau des chats possibles, s'est égaré cette nuit, et que quiconque le rapportera au sophi, sera fait visir, et aura six mille sequins d'or. *Haly*, la tête échauffée par le vin, appella le crieur, et lui dit que dès le soir même, il remettroit *Kesri* aux pieds du trone.

Le crieur se retira, et rendit compte

de la promesse d'*Haly*. Tous les physiciens avoient été jaloux, comme de raison, du succès qu'avoit eu le globe lancé dans les airs, et par qui encore ; par un vil esclave, par un inconnu. Ils remontrèrent philosophiquement au sophi, que cet *Haly* avoit certainement volé le magnifique chat, soit pour en avoir la peau, soit pour obtenir une récompense. Le bon monarque crut messieurs les savans, et comme il aimoit beaucoup son chat, il envoya chercher sur-le-champ *Haly*. Celui-ci dormoit profondément ; on le réveilla ; il avoit oublié l'annonce, le crieur et sa promesse. Il alla se rendre aux ordres du sophy qui lui demanda d'un air courroucé, pourquoi il avoit osé prendre *Kesri*, ce qu'il en avoit fait, et où il étoit. *Haly* répondit humblement qu'il n'avoit pas l'honneur de connoître *Kesri*.

Malheureux

—Malheureux, dit le sultan, si tu ne me rends tout-à-l'heure mon chat, tu seras empalé. — Votre chat, sublime Sophi ?—Oui, scélérat. — Est-il mâle, ou femelle ?—Tu sais bien, infâme, que c'est le plus beau matou de l'univers. —Commandez, seigneur, que l'on ouvre les fenêtres, et lorsqu'elles furent ouvertes, *Haly* se mit à miauler si tendrement qu'une vingtaine de chats, à la tête desquels étoit *Kesri*, accoururent sur les goutières ; mais le seul favori du Sophi osa s'élancer dans l'appartement. La manière dont *Kesri* se montra, étoit la preuve qu'il n'avoit point été volé ; le souverain de Perse étoit le plus juste des princes ; afin de réparer le soupçon injurieux qu'il avoit eu, il fit compter douze mille sequins, au lieu de six, et nomma visir de la première classe, *Haly*. Tandis qu'on le

O

revêtissoit des marques de sa nouvelle dignité ; il se disoit : devant les souverains, il est bon quelquefois de faire la bête.

La nouvelle place d'*Haly* l'empêcha de retourner à Damas. Les deux années de son exil n'étoient point d'ailleurs encore finies ; il résolut d'assister régulièrement aux divans, de faire sa cour au Sophi, de voir souvent les philosophes *Kouli-Egli* et *Schaversou*, d'employer le reste de son tems à composer des vers en l'honneur des belles *Philologous* et *Charme-des-yeux*, qu'il n'avoit pas plus oublié que son ami *Cosron*.

Haly déployoit dans les conseils de si grandes vues, montroit un esprit si juste, que le Sophi le nomma grand-visir. Cette place donnoit l'administration de toutes les affaires du royaume ;

le fils du reis-effendi ne fut point effrayé de la déprédation générale; il n'osa d'abord attaquer les *Imans*, qui jouissoient d'une grande partie des terres de l'empire, qui recevoient une foule de dons des fidèles Musulmans, et ne payoient qu'un leger tribut; encore prétendoient-ils le donner gratuitement. Afin d'acquérir du crédit et d'établir sa réputation, *Haly* commença par réformer des abus dont tout le monde se plaignoit, mais auxquels les sultanes, le Mouphti et les grands ne prenoient aucune part, parce qu'ils n'y trouvoient aucun profit. Il y avoit, par exemple, à *Ezeron*, un collège où l'on comptoit dix mille étudians en médecine; il supprima le collège: dans le préambule de suppression, il faisoit parler le Sophi en ces termes: de notre immense savoir, pleine puissance, et

grandes lumières, connoissances mul-
tipliées, voulons, nous fait plaisir,
et nous est agréable, de supprimer et
anéantir le collège d'*Ezeron*, parce
que dix mille de nos sujets se proposent
d'exercer la profession de la médecine;
or ce seroit un grand, et très-grand
malheur, s'il se trouvoit de quoi employer leurs talents; nous esperons de
la divine providence, et des saints
prophètes *Mahomet* et *Ali*, (1) que
les sujets soumis à notre domination,
n'auront jamais besoin de dix mille
médecins; que si nos vœux sont accom-
plis, voilà dix mille personnes qui exer-
cent une profession inutile. Toute la

______

(1) Les Persans honorent Ali autant que
Mahomet, et c'est ce qui les fait appeller par
les Turcs, têtes rouges, comme les chrétiens
disent Huguenots, Jansenistes. etc.

Perse lut avec plaisir l'édit , et vanta le genie du grand-visir.

L'empire étoit divisé en quarante provinces ; chaque province avoit douze, quinze, vingt trésoriers chez lesquels on déposoit l'impôt ; les trésoriers faisoient conduire les sommes levées sur le peuple , chez le trésorier général à Ispahan , après toutefois en avoir retenu une grande partie ; le trésorier général prenoit une forte portion sur sa caisse , et la vuidoit ensuite chez le grand trésorier , et enfin , le grand trésorier prenant aussi quelque chose, comptoit directement au sophi. L'habile ministre (1) supprima tous ces trésoriers ,

____

(1) Plusieurs savans bénédictins m'ont assuré que le ministre dont il est question ici, vivoit en Perse, du tems que Gerard de la Guette étoit sur-intendant des finances sous et les revenus du prince furent augmentés, les peuples moins foulés, les pensions des sultanes mieux payées, et le visir étoit chéri des Persans, aimé du Sophi, et *Kouli-Egli* disoit à *Schaversou* : notre ami seroit-il tant honoré, les affaires iroient-elles aussi bien, s'il n'avoit pas de la prévoyance, et une bonne conduite ; le hasard ne fait donc pas tout.

Haly, assuré de la confiance du Sophi, de l'estime des peuples, alloit exécuter son projet de rendre les *Imans* citoyens, de leur oter cette grande opulence, objet de scandale pour les vrais

---

Philippe-le-Long. Cette honnête personne fit une pareille opération en France, l'an 1521. Il fut pendu en 1322, pour récompense de ses services, dans l'état despotique des Persans ; le ministre du Sophi fut plus heureux.

musulmans , et d'oppression pour les peuples ; tout occupé de son plan , il entra chez le Sophi ; malheureusement il marcha sur la patte d'une petite chienne pour laquelle le souverain avoit la plus grande tendresse ; la chienne poussa des cris lamentables , le Sophi , outré de colère , fit sortir *Haly* de l'apartement , prit la chienne entre ses bras ; elle avoit la patte cassée ; le visir perdit sa place , les trésoriers triomphèrent , les *Imans* conservèrent leurs biens , les peuples furent oppressés davantage , et *Scaversou* disoit à *Kouli-Egli* , un chat éleva notre ami à la dignité de visir , une chienne a détruit sa fortune et le bonheur des peuples , le hasard fait donc tout.

J'ai dit que le Sophi étoit juste ; malgré les calomnies des gens du trésor , il étoit bien convaincu du mérite de son ministre; mais sa chienne boitoit, et il ne pouvoit vaincre l'aversion qu'il avoit conçu contre son grand visir; il résolut d'employer ses talens loin de sa cour, et le nomma ambassadeur près de *Mahmoud*; il vouloit établir un commerce suivi entre ses peuples et ceux du Soudan de Damas.

Haly, qui ne soupiroit qu'après ce qui pouvoit le rapprocher de *Philologous* et de *Charme-des-yeux*, accepta l'ambassade avec joie; il proposa à ses deux amis de le suivre; nos philosophes ne le refusèrent point, et sur la route de Damas, ils disputoient toujours sur la prévoyance et le hasard; *Haly* leur disoit : je crois que le hasard a la plus grande influence sur les événemens de notre vie; mais je crois aussi que la bonne conduite ou la prévoyance, diminue les chances du mal-

heur, sans cependant l'anéantir tout-
à-fait, et par la raison inverse, augmente celle du bonheur, sans cependant le faire naître ; en discourant ainsi, ils arrivèrent à la capitale des états
du calife. La réputation de l'ambassadeur l'avoit précédé, et il fut reçu de
Mahmoud avec les marques de l'estime
et de l'amitié la plus vive.

Haly apprit que son père ne vivoit plus;
Cosron, son ancien ami, lui avoit suc-
cédé dans la place de réis-effendi ; que
Philologous étoit sultane favorite, et
que *Charme-des-yeux* n'avoit pas encore d'époux. Je ne m'étonne point,
se disoit-il, si le calife m'a si bien reçu, *Cosron* a détruit les effets de la
prévention que mon imprudente franchise sur le cheval du Soudan, avoit
fait naître : mais *Philologous*, sultane
favorite, ... cela me passe : l'ingrate,

qui m'avoit juré un amour éternel, sultane favorite ; .... comptez sur les femmes, sur léurs paroles, sur léur constance. ..... *Charme des-yeux* m'a sans doute aussi oublié. Et le sexe charmant qui fait la félicité et le malheur de notre vie, étoit étrangement maltraité dans le soliloque de l'ambassadeur. Il fut interrompu dans ses réflexions par la visite de *Cosron* ; ils s'embrassèrent tendrement : *Haly* alloit lui raconter toutes ses aventures, lorsqu'un messager vint lui dire de se rendre auprès du calife qui le demandoit.

Mahmoud le reçut dans un appartement reculé : *Haly*, lui dit-il, vous aviez raison, quand vous prétendiez que mon cheval, *Lafoudre*, avoit les oreilles trop longues et la queue trop courte, *Philologous* me l'a prouvé ; mais vos ennemis, dont le plus grand

est sans doute *Cosron*, m'avoient prévenu contre vous :—*Cosron*, seigneur,
s'écria *Haly !*—Ne m'interrompez pas,
mon cher, répondit le *Calife*, *Cosron*
étoit votre ennemi; à force de ruses et
de brigues, il a remplacé votre père,
qui joignoit à beaucoup de prudence,
un vaste génie et d'excellentes vûes ;
je ne vois personne dans mes états,
plus digne de lui succéder que vous;
je sais les grandes choses que vous avez
faites en Perse ; vous êtes ambassadeur
du Sophi : j'accepte, par rapport à
vous, le traité qu'il me propose,; vous
n'êtes point né son sujet : voyez si vous
voulez occuper les emplois qu'avoit feu
votre père ; *Charme-des-yeux* sera votre
épouse, elle est ma sœur, je suis sans
enfans, vieux, infirme, vous pouvez
tout espérer. Je n'ignore pas votre tendresse pour *Philologous*, je viens de

lui donner la liberté ; elle sera votre amie et la mienne : vous pouvez maintenant parler. *Haly* se jetta aux pieds du *Calife* : disposez, lui dit-il, disposez, seigneur, de ma vie ; pourroit-elle payer vos bienfaits ; le plus grand sansdoute, est le don de *Charme-des-yeux*, et la liberté de *Philologous* ; je pardonne à *Cosron* ; daignez, père des croyans, étendre sur lui votre miséricorde, et que votre volonté s'exécute dans tous les points. Le *Calife* l'embrassa ; il fit paroître *Charme-des-yeux* et *Philologous*. Je n'entreprendrai point de vous peindre la joie de ces trois personnes, elle étoit semblable à celle dont les fidèles musulmans jouissent dans le séjour des saints prophètes, et par consequent au-dessus de nos foibles expressions. Le *Calife* enchanté, soupa avec eux, et décida que le lendemain seroit

seroit le jour de l'hymen d'*Haly*, et de son installation à la place de réis-effendi ; et l'heureux ambassadeur se disoit : l'on n'oublie jamais ses premières amours ; mais il n'en est pas ainsi des premières amitiés.

L'aurore doroit à peine la pointe des minarets , qu'*Haly* envoya chercher *Kouly-Egli* et *Schaversou* ; il leur fit part de son bonheur , et les invita de demeurer auprès de lui : les philosophes sont cosmopolites , et nos deux amis restèrent auprès du nouveau réis-effendi , qui dépêcha un courrier au Sophi , pour l'informer de la ratification du traité , et des raisons du nouvel établissement qu'il formoit.

La première heure de la prière ayant sonné , le calife, accompagné de *Charme-des-yeux* , d'*Haly* , et d'une suite nom-

P

breuse, se rendit à la mosquée. Les deux amans furent unis, et de retour au palais, le commandeur des croyans déclara son beau-frère, *réis-effendi*; à la prière du nouveau ministre, *Cosron* fut envoyé en ambassade près le Sophi.

Haly s'occupa du bonheur des peuples, secondé par ses deux amis; il rédigea un code de loix, qui subsistera jusqu'au moment où l'éternel détruira l'univers, et jugera ses habitans.

L'ange de la mort se présenta au calife, trois ans après ces événemens; *Haly* fut proclamé commandeur des croyans: il monta sur le trône avec l'approbation des grands et du peuple; il partageoit le tems que lui laissoient les soins de l'empire, entre *Charme-des-yeux*, *Philologous*, *Kouli-Egli* et *Schaversou*, qu'il avoit fait ses ministres.

Le jour qu'il fut couronné, le derviche auquel il avoit donné l'aumône la vieille de son exil pour l'isle des Anes, se montra et lui dit : père des croyans, Dieu et son prophète t'ont donné ce grand royaume, et pour te rendre digne de commander, ils t'ont fait connoître l'infortune, la meilleure et la plus utile des leçons que puissent recevoir les souverains, afin qu'ils n'oublient jamais qu'ils sont hommes. Rien ne se fait au hasard ; c'est Dieu qui conduit tout. Après ces paroles, le derviche s'éclipsa dans la foule, on le chercha en vain, il ne parut plus. *Kouli-Egli*, *Schaversou* étoient philosophes, et les apophtegmes d'un derviche ont peu de poids auprès des philosophes ; mais le calife leur disoit : mes amis, conduisons-nous comme si la prudence suffisoit, et soyons préparés à tous les effets possibles du hasard.

LE CONSOMMÉ,
CONTE.

J'ai célébré les belles et l'amour ;
De ce dernier j'ai chanté plus d'un tour ,
Sans toutefois que ma décente muse
Ait fait rougir la beauté qui s'amuse
De mes écrits. Par quel hasard fatal
M'ordonnez-vous que d'un soldat bru-
    tal ,
Mais beau , charmant, hardi dans les
    ruelles,
Chéri de Mars , adoré de nos belles ,
J'aille conter le triomphe impudent :
Vous le voulez ; si d'un mot indécent ,
Belle Sophie , votre oreille est blessée,
Ne soyez point contre moi courroucée.

   Un grenadier qu'on appelloit Lafleur ,
Fut d'un billet le fortuné porteur ;

P 3

Ce doux écrit exprimoit la tendresse
De son major, pour madame d'Al-
    desse :
Il attendoit l'instant du petit jour ;
Madame sonne, et Zerbinette accourt,
Portant en main une large écuelle
Dont le contour doré, brillant, re-
    celle
Un consommé ; sa suave vapeur
Frappe le nez du grenadier Lafleur,
Qui remettant la missive à Zerbine.,
Lui dit ces mots : ma soubrette divine,
Si j'avalois un semblable bouillon,
Par là, corbleu, je veux être un tocson,
Si je ne vous. . . . . . faisois six fois de
    suite,
Vous m'entendez. Zerbinette interdite
Prend le billet, s'échappe en marmot-
    tant :
Fi donc, monsieur, rien n'est plus in-
    solent

Que vos discours ; puis vole à sa
  maîtresse.
  Quel bruit, mon dieu ! dit madame
    d'Aldesse,
Ai-je entendu ? — C'est monsieur de La-
    fleur ;—
Mais vous boudez, vous avez de l'hu-
    meur ;
Que disoit-il ?—Ce billet ,—d'autre chose
Il vous parloit, je veux savoir ; — Je
    n'ose. —
Zerbine enfin, Zerbine répéta
En termes clairs, le propos du soldat.—
Oh, oh ! six fois, la chose est un peu
    forte ;
Mademoiselle, ouvrez-lui cette porte,
Que je lui parle ; et voilà mons Lafleur
Auprès du lit. Alors avec douceur:
Est-il bien vrai, lui dit notre madame,
Qu'un consommé vous rendroit tout de
    flamme.—

Ce que je dis, madame, je le fais.—
Mon cher ami, ton audace me plait;
Prens ce bouillon :— Zerbine, qu'on
    se taise.—
Allez, madame, et soyez à votre aise,
Et sur ma langue, et sur tous vos se-
    crets,
Je ne vois rien, et ne parle jamais.
    Rideaux tirés, et la porte fermée,
Madame enfin six fois s'étant pâmée,
Offre en riant, un second consommé :
Lafleur l'accepte, et juste à point
    nommé,
Sans gasconade, acquitte sa promesse.
Lors tout en feu, l'amoureuse d'Aldesse
Voudroit tâter d'un nouveau restaurant;
Ah ! c'en est trop, lui répond en jurant
Le grenadier que ce désir irrite :
Parbleu, mon V... n'est pas une mar-
    mitte.

TABLE DES MATIÈRES

Contenues dans ce volume.

LA VIE ET L'ŒUVRE

DE L'ABBÉ BAZIN.

VALENTINE.

FIN.